Heike Schmidt-Röger

Unzertrennliche
Agaporniden

AUGUSTUS

Inhalt

Unzertrennliche kennenlernen

Unzertrennliche, Agaporniden, Liebesvögel – drei Namen für die putzigen Flattermänner, die durch ihr ausgeprägtes Sozialverhalten, ihre Turtelei und die vielfältige Farbenpracht ihres Federkleides die Herzen vieler Vogelfreunde erobern. Durch ihre Größe und die einfache Haltung der meisten Arten sind sie häufig eine Alternative zu den großen Papageien.

Ein Küßchen hier, ein Küßchen da – am schönsten ist es, zu beobachten, wie zärtlich Unzertrennliche miteinander umgehen.

Ursprung und Herkunft

Afrika, Madagaskar und die vorgelagerten Inseln sind die Heimat dieser kleinen Papageien. Dort leben die meisten Arten in Grassteppen mit geringem Baumbestand in der Nähe von Wasserstellen. Ihr grünes Gefieder bietet ihnen dort eine fast perfekte Tarnung. Die natürlichen Feinde sind Greifvögel und Schlangen, der größte Feind ist der Mensch. Die Einengung der Lebensräume und das Einfangen der kleinen Vögel haben die Bestände in manchen Gebieten erheblich reduziert. Bei den Farmern machen sie sich sehr unbeliebt, wenn sie zu Hunderten in die Getreidefelder und Obstplantagen einfallen und dort große Schäden anrichten. Inzwischen ist von fast allen afrikanischen Staaten die Ausfuhr der Agaporniden verboten worden.

Die Zuordnung der Unzertrennlichen

Die Stellung der Unzertrennlichen und die Einteilung der Arten wurde lange Zeit diskutiert und auch heute gibt es noch unterschiedliche Ansichten. Übereinstimmung herrscht bei den meisten Fachleuten darüber, daß sie zur Ordnung der Papageien (Psittaciformes) und zur Familie der Kleinpapageien (Micropsittidae) gehören. Die Gattung nennt sich Unzertrennliche *(Agapornis)*. Die meisten Arten sind inzwischen gut erforscht, nicht zuletzt, weil sie sich auch in Gefangenschaft ohne größere Probleme nachzüchten lassen. Doch andere Agaporniden leben so hoch in den Baumwipfeln, daß die natürlichen Lebensumstände bis heute nahezu im Dunkeln geblieben sind.

Entgegen der früheren Einteilung in neun Agapornis-Arten, in der alle Unzertrennlichen mit weißen Augenringen eine eigene Art darstellten, wird nun in sechs Arten unterteilt. Die Unzertrennlichen mit weißem Augenring werden einer Art zugerechnet, denn sie lassen sich untereinander kreuzen und die Nachkommen sind ebenfalls fruchtbar. Folgende Einteilung wird demnach vorgenommen:

Arten ohne weißen Augenring:

- Rosenköpfchen
- Grauköpfchen
- Orangeköpfchen
- Bergpapagei oder Taranta-Papagei
- Grünköpfchen

Unzertrennliche mit weißen Augenringen:

- Schwarzköpfchen mit den Unterarten:
  - Pfirsichköpfchen
  - Erdbeerköpfchen
  - Rußköpfchen

Zwei Hybriden (Mischlinge) zwischen Rosenköpfchen und Rußköpfchen. Diese kleinen Papageien sind zwar genauso gesund wie reingezüchtete Agaporniden, können jedoch keinen Nachwuchs bekommen.

Die verschiedenen Arten

Die verschiedenen Agaporniden haben sehr unterschiedliche Ansprüche. Für den Einsteiger sind Rosenköpfchen, Schwarzköpfchen, Rußköpfchen und Pfirsichköpfchen die geeigneten Vögel. An Erdbeerköpf-chen, Bergpa-pageien oder Orangeköpf-chen sollten sich nur Fachleute herantrauen, Grünköpfchen sind in Gefangenschaft gar nicht zu halten. Die folgende Aufstellung gibt Ihnen einen kurzen Überblick über Merkmale, Lebensräume, Haltung sowie Zucht und Farbmutationen der verschiedenen Arten und einiger Unterarten.

Rosenköpfchen
Agapornis roseicollis

Merkmale: Männchen und Weibchen sind gleich gefärbt. Stirn und Vorder-kopf sind rot, Kinn, Kehle, Wangen und Maske hellrot. Die Handschwingen sind schwarz und am Rand gelb gesäumt, die Mitte der unteren Schwanzfedern ist schwarz. Der Rand des Flügelbugs ist gelb, Unterrücken, Bürzelgefieder und Oberschwanzdecken sind blau. Das restliche Gefieder ist grün in unterschiedlichen Schattie-rungen (siehe oben). Der Schnabel ist hornfarben mit braunschwarzer Spitze. Körperlänge 17–18 cm.

Lebensraum: Südwestafrika. Dort leben sie bis in 1600 m Höhe in trockenen Regionen, Steppen und Savannen im Umfeld von Wasserstellen. Sie ernähren sich von Sämereien, Früchten und Beeren. In der Regenzeit von Januar bis März brüten sie in Kolonien meist in Felsnischen, in Nestern anderer Vögel (die sie sich auch manchmal erkämpfen) oder unter Hausdächern.

ander kann es leicht zu Auseinandersetzungen kommen.

Eignung: Für Anfänger.

Zucht: Rosenköpfchen sind recht einfach zu züchten und deshalb ideal für Agapornidenliebhaber, die in die Zucht einsteigen wollen. Schwierig ist die Geschlechterbestimmung, da Männchen und Weibchen gleich aussehen. Der Anfänger sollte sich bei der Auswahl der Zuchttiere von einem Fachmann beraten lassen Besonders interessant ist die Art des Nestbaus. Zweige werden in ihre Fasern zerlegt, und das Weibchen trägt das Nistmaterial dann im Rückengefieder in den Nistkasten (siehe Illustration links) und polstert diesen damit aus. Bis zu sechs Eier werden gelegt und nach ca. drei Wochen schlüpfen die Jungen.

Farbmutationen: Rosenköpfchen sind die vielfältigsten Vertreter der Agaporniden, was die Farben angeht. Unter anderem mauvefarbene und dunkelblaue (siehe Seite 6 unten), zimt- und lutinofarbene, weiße, pastell-creme-albino (siehe Seite 9 unten), olivfarbene und gescheckte Rosenköpfchen, Orangemasken in verschiedenen Variationen (siehe unten).

Haltung: Leicht zu halten und nicht besonders anspruchsvoll. Sie können sogar in einer Gartenvoliere überwintern, wenn ein frostfreier Schutzraum vorhanden ist. Doch ihre manchmal recht lauten Schreie werden oft als störend empfunden. Sie sind die streitsüchtigsten unter den Agaporniden. Die Vergesellschaftung mit anderen Vögeln ist nicht zu empfehlen, sogar größere und stärkere Vögel werden angegriffen. Auch unterein-

Grauköpfchen
Agapornis canus

Merkmale: Beim Männchen sind Kopf, Hals, Nacken und Brust hellgrau. Die Handschwingen sind schwarz gesäumt, die Schwanzfedern haben einen schwarzen Streifen, der Flügelrand ist weiß. Die restliche Farbe ist grün in unterschiedlichen Schattierungen. Das ganze Gefieder des Weibchens ist grün, nur das Gesicht ist grau durchzogen (siehe unten). Der Schnabel ist bei beiden hornfarben. Körperlänge 14 cm.

Lebensraum: Ihre Heimat ist das Küstenflachland der Inseln Madagaskar, Sansibar, Mauritius, Rodriguez und der Seychellen. Dort suchen sie sich Gegenden mit Gebüsch und Bäumen aus. Sie ernähren sich von Grassamen, Reis, Früchten und Getreide. Die Brutzeit beginnt im November. Baumhöhlen werden zum Nisten mit Rindenstückchen, Grashalmen und Blättern gepolstert.

Haltung: Grauköpfchen bleiben besonders scheu und schließen sich nur schwer an ihre menschlichen Betreuer an. Die Vergesellschaftung mit anderen Vögeln ist nicht zu empfehlen, häufig ist sogar nur paarweise Haltung ratsam. Auch die Überwinterung im Freigehege ist nicht angebracht, da diese kleinen Agaporniden sehr kälteempfindlich sind. Gerne suchen sie ihre Nistkästen auch zum Schlafen auf.

Eignung: Für Anfänger nicht geeignet.

Zucht: Schon in einem gewöhnlichen Wellensittichnistkasten können die Grauköpfchen zur Brut gebracht werden. Das Nistmaterial, zum Beispiel Blattstücke von Rhododendron oder Holunder, wird vom Weibchen im Rückengefieder in das Nest getragen. Vier bis sieben Eier werden 21 bis 22 Tage lang bebrütet. Grauköpfchen sind sehr empfindlich gegen Störungen.

Farbmutationen: Es sind keine Farbmutationen bekannt.

Orangeköpfchen
Agapornis pullarius

Merkmale: Beim Männchen sind Stirn und Gesicht orangerot, das Bürzelgefieder ist blau, die Unterflügelfedern sind schwarz. Das Weibchen unterscheidet sich durch das blassere Rot und grüne Unterflügeldecken. Das restliche Gefieder ist bei beiden grün (siehe rechts), beide haben einen roten Schnabel. Körperlänge zirka 15 cm.

Lebensraum: Fast in ganz Zentralafrika sind diese kleinen Agaporniden im offenen Savannenland zu finden. Sie ernähren sich von Grassamen, Beeren, Früchten, Feigen und Hirse. Die Orangeköpfchen, die ihren Lebensraum im Osten haben, nisten von Mai bis Juli. Die Orangeköpfchen weiter im Westen beginnen im September mit der Brut. Das Weibchen gräbt die Nisthöhle bevorzugt in Baumbauten von Termiten, seltener in deren Erdbauten. Die Höhle wird mit Gräsern und Rindenstückchen ausgelegt.

Haltung: Orangeköpfchen sind recht scheu und gewöhnen sich nur schwer an den Menschen. Sie sind auch sehr kälteempfindlich.

Eignung: Nur Experten. Für Anfänger nicht geeignet!

Zucht: Die Zucht von Orangeköpfchen ist nur etwas für Profis. Es ist nicht einfach, geeignete Nistmöglichkeiten anzubieten, in welchen sie ihre Bruthöhle graben

können. Gestampfter Torf, ein Korkblock oder eine Lehmwand werden unter Umständen angenommen. Die Temperatur in der Bruthöhle muß immer ziemlich genau auf 30 Grad Celsius gehalten werden. Wird die Brutmöglichkeit angenommen, werden bis zu sieben Eier 22 bis 23 Tage lang bebrütet.

Farbmutationen: Es soll lutinofarbene Orangeköpfchen in Portugal gegeben haben.

Bergpapagei, Taranta-Papagei
Agapornis taranta

Merkmale: Stirn, Augenringe und vorderer Oberkopf des Männchens sind rot, die Handdecken
und der untere Teil des Schwanzgefieders sind
schwarz, die Handschwingen dunkelbraun. Das
restliche Gefieder ist grün in unterschiedlichen
Schattierungen. Das Weibchen hat kein Rot im Gefieder, Handdecken und Handschwingen sind wie
beim Männchen gefärbt, das restliche Federkleid
ist grün von unterschiedlicher Intensität (siehe
oben). Beide haben einen roten Schnabel. Körperlänge 16 bis 17 cm. Das Weibchen ist kleiner.
Lebensraum: Diese Agaporniden leben in kleinen
Schwärmen, vorwiegend in waldreichen Gebieten
im Hochland von Äthiopien in Höhen von 1300
bis 3200 m. Sie ernähren sich von Sämereien,
Früchten und Beeren. Bevorzugt werden eine
bestimmte Feigenart und Wacholderbeeren.
Zur Brut suchen sie sich Astlöcher aus.
Haltung: Bergpapageien sind recht ruhige Vertreter und gewöhnen sich meist schnell ein.
Ihre Stimmen sind nicht so durchdringend wie
die vieler anderer Agaporniden. Sie können in
einer Gartenvoliere mit frostfreiem Schutzraum
auch überwintern, da sie nicht so kälteempfindlich sind.
Eignung: Für Anfänger nicht empfehlenswert.
Zucht: In der Regel sorgen die Bergpapageien nur
einmal im Jahr für Nachwuchs. Blattstückchen
werden dann zur Auspolsterung des Nestes im
Rückengefieder in das Nest gebracht. Drei oder
vier Eier werden bis zu 28 Tage lang bebrütet.
Farbmutationen: Es gibt dunkelgrüne und olivfarbene Taranta-Papageien.

Grünköpfchen
Agapornis swindernianus

Merkmale: Männchen und Weibchen sind gleich gefärbt. Sie haben eine gelbliche Brust, einen schwarzen Nackenring und blaue Oberschwanzdecken mit rotem Rand. Der Schnabel ist schwarz (siehe rechts).

Lebensraum: Die Waldgebiete von Gabun, Kamerun, Liberia, Uganda und Zaire sind die Heimat dieser Agaporniden. Weil sie sich überwiegend in den Baumwipfeln aufhalten, konnten sie bisher kaum erforscht werden. Sie ernähren sich unter anderem von Feigen in bestimmten Reifestadien und von Insekten. Gelegentlich besuchen sie auch Getreide- und Hirsefelder. Sie nisten vermutlich ab Juli in Termitenbauten oder in Baumhöhlen. Ihr Verbreitungsgebiet überschneidet sich mit dem der Orangeköpfchen. Doch durch die unterschiedlichen Lebensräume (Wald bei den Grünköpfchen gegenüber Savanne bei den Orangeköpfchen) kann eine Vermischung der Bestände ausgeschlossen werden.

Haltung: Durch ihre Lebensweise konnten sie bisher kaum beobachtet werden und es ist selten gelungen, Grünköpfchen zu fangen. Sie sind so anspruchsvoll im Futter, daß die Wenigen, die trotzdem in menschliche Obhut kamen, die Quarantäne nicht überlebten. Ohne bestimmte Feigen als Nahrung gehen sie innerhalb weniger Tage ein. Deswegen sind sie kaum erforscht. Entsprechend konnten auch noch keine Zuchtversuche unternommen werden.

Schwarzköpfchen
Agapornis personatus personatus

Merkmale: Männchen und Weibchen sind gleich gefärbt. Stirn, vorderer Oberkopf, Kinn, Kehle, Wangen, die Handschwingen und die Mitte des unteren Schwanzgefieders sind schwarz. Nackenband, Brust und der Rand des Flügelbugs sind gelb. Der hintere Oberkopf ist braun und Bürzelgefieder, Unterrücken und Schwanzgefieder sind blau. Das restliche Gefieder ist grün in unterschiedlichen Schattierungen (siehe nächste Seite oben, linker Vogel). Besondere Kennzeichen sind die weißen, unbefiederten Augenringe und der rote Schnabel. Körperlänge 15 bis 16 cm.

Lebensraum: Sie leben im Inneren von Tansania und wurden unter anderem auch in Kenia ausgewildert. Dort leben sie in kargen Savannen mit Akazien und Affenbrotbäumen bis in 1800 m Höhe. Vorwiegend ernähren sie sich von Sämereien und Mais sowie zusätzlich von Hirse und anderem Getreide, Beeren, Früchten und Knospen. Diese Koloniebrüter ziehen ihre Jungen vorzugsweise in hohlen Bäumen, an

Hausvor-
sprüngen oder in ver-
lassenen Nestern anderer
Vögel groß.

Haltung: Schwarzköpfchen sind
leicht zu halten. Doch auch bei diesen
Unzertrennlichen ist eine Vergesellschaftung
mit anderen Vögeln nicht ratsam, mit Artgenossen kann es ebenfalls Probleme geben.

Eignung: Für Anfänger geeignet.

Zucht: Schwarzköpfchen sind etwas schwieriger
zu züchten als Rosenköpfchen. Die Nester werden
vorwiegend mit fein zerfaserten Ästen und Rinde
ausgefüllt. Das Nistmaterial wird vom Weibchen
mit dem Schnabel in
das Nest gebracht.
Meistens werden vier

oder fünf Eier gelegt, nach 22 Tagen schlüpfen
die Jungen.

Farbmutationen: Blaue und dunkelblaue
Schwarzköpfchen sind recht häufig (siehe unten).
Die gelben Vögel haben immer noch grüne Farben im Gefieder. Außerdem gibt es noch pastell-
blaue, oliv- und mauvefarbene Schwarzköpfchen, die neueste
Farbmutation ist Violett.

Pfirsichköpfchen
Agapornis personatus fischeri

Merkmale: Männchen und Weibchen sind gleich gefärbt. Stirn, vorderer Oberkopf, Kinn, Wangen, Maske und Kehle sind orangerot. Der hintere Oberkopf und der Nacken sind hellbraun, die Handschwingen dunkelbraun und der Rand des Flügelbugs ist gelb. Bürzelgefieder, Unterrücken und Oberschwanzfedern sind blau, das untere Schwanzgefieder ist in der Mitte schwarz. Das restliche Gefieder ist grün in unterschiedlichen Schattierungen. Besondere Kennzeichen sind auch hier wieder die weißen, unbefiederten Augenringe und der rote Schnabel. Körperlänge 15 cm.

Lebensraum: Im Norden Tansanias sind die Pfirsichköpfchen in Savannen und auf kultiviertem Land in 1000 bis über 1700 m Höhe anzutreffen. Auch in Kenia wurden sie ausgewildert. Sie ernähren sich dort von Sämereien und Mais sowie zusätzlich von Hirse und anderem Getreide, Beeren, Früchten und Knospen. Von Mai bis Juli wird in Kolonien in Astlöchern, Webernestern und an Häusern gebrütet.

Haltung: Sie sind etwas verträglicher als die Schwarzköpfchen und lassen sich in ausreichend großen Volieren recht gut in Gruppen halten.

Eignung: Für Anfänger geeignet.

Zucht: Pfirsichköpfchen sind leichter als Schwarzköpfchen zu züchten. Sie tragen Fasern von Zweigen in die Nester ein und legen vier bis sechs, manchmal sogar mehr Eier, die dann zirka 22 Tage lang bebrütet werden.

Farbmutationen: Blaue und gelbe Vögel (siehe oben: links wildfarben, rechts blau).

Erdbeerköpfchen
Agapornis personatus lilianae

Merkmale: Männchen und Weibchen sind gleich gefärbt. Vorderkopf und Kehle sind orangerot, das restliche Gefieder ist grün. Für den Laien lassen sich Erdbeerköpfchen von Pfirsichköpfchen gut durch das Bürzelgefieder unterscheiden, das bei den Erdbeerköpfchen grün ist (siehe unten). Auch sie haben die weißen Augenringe und den roten Schnabel. Körpergröße zirka 14 cm.

Lebensraum: Erdbeerköpfchen sind im südlichen Tansania, im Nordwesten von Mozambique, in Zimbabwe, Sambia und Malawi anzutreffen. Dort bewohnen sie vorzugsweise das Umfeld von Seen und Flüssen. Sie ernähren sich hauptsächlich von Sämereien, Beeren, Knospen, Blüten und Früchten. Auch Samen von Bäumen (Akazien) und Getreide werden gerne genommen. Von Dezember bis März wird in Baumhöhlen, an Häusern und verlassenen Webernestern gebrütet.

Haltung: Erdbeerköpfchen sind recht verträglich und können in großen Volieren sogar mit Finken, Wellensittichen und Nymphensittichen vergesellschaftet sowie mit Artgenossen gehalten werden. Jedoch sind diese kleinsten Agaporniden recht kälteempfindlich und sollten nicht in einer Gartenvoliere überwintern.

Eignung: Nur für Experten. Für Anfänger nicht zu empfehlen.

Zucht: Die Zucht von diesen Unzertrennlichen ist nicht so einfach. Zwar werden schnell drei bis fünf Eier gelegt, die zirka 22 Tage lang bebrütet werden, doch häufig sind nur wenige Eier befruchtet. Die Sterblichkeit bei Nestlingen ist relativ hoch.

Farbmutationen: Selten gibt es gelbe und in Australien soll es lutinofarbene Erdbeerköpfchen geben.

Rußköpfchen
Agapornis personatus nigrigenis

Merkmale: Männchen und Weibchen sind
gleich gefärbt. Stirn und vorderer Oberkopf sind
braun und leicht rot durchzogen. Kinn, Kehle,
Wangen und Handschwingen sind dunkelbraun,
der Kehlfleck ist orange, der Rand des Flügelbugs gelb, die Unterseite des Schwanzgefieders
ist in der Mitte schwarz. Das restliche Gefieder
ist grün in unterschiedlichen Schattierungen
(siehe rechts). Besondere Kennzeichen sind die
weißen, unbefiederten Augenringe und der rote
Schnabel. Körperlänge 14 cm. Sie sind am leich-
testen von Schwarzköpfchen durch das grüne
Bürzelgefieder zu unterscheiden (siehe unten).

Lebensraum: Das
südwestliche Sam-
bia und die umlie-
genden Regionen
sind die Heimat
dieser Agapor-
niden. Sie sind im bewaldeten Flachland in
der Nähe von Wasser zu finden.

Haltung: Rußköpfchen sind nicht so aggressiv
wie andere Agapornidenarten und können bei
ausreichendem Platz ohne weiteres mit Finken,
Wellensittichen und Nymphensittichen vergesellschaftet und mit anderen Rußköpfchen zusammen gehalten werden. Ihre Stimmen sind auch
angenehmer als die der Rosen- und Schwarzköpfchen.

Eignung: Für Anfänger.

Zucht: Die Zucht von Rußköpfchen ist nicht
sehr schwer. Die Nester werden vorwiegend mit fein zerfaserten Ästen und
Rinde ausgefüllt. Das Nistmaterial wird
mit dem Schnabel vom Weibchen in
das Nest gebracht.
Meistens werden vier
oder fünf Eier gelegt,
nach 22 Tagen
schlüpfen die
Jungen.

Farbmutationen:
Es gibt blaue
Rußköpfchen.

Wichtig!

Kaufen Sie nur Unzertrennliche aus deutscher Nachzucht. Diese sind wesentlich robuster und anpassungsfähiger als die gefiederten Einwanderer. Bedenken Sie auch, daß viele Vögel auf den langen Transporten sterben und daß nur eine geringe Zahl die neue Heimat erreicht.

Unzertrennliche werden Heimtiere

Schon 1860 führte Karl Hagenbeck die ersten Rosenköpfchen nach Deutschland ein. 1869 gelang im Berliner Zoo die Nachzucht. Ebenfalls 1860 zog ein Pärchen Grauköpfchen in den Zoologischen Garten London ein. Doch Orangeköpfchen waren wahrscheinlich die ersten Unzertrennlichen, die nach Europa importiert wurden.

Die anderen Agaporniden folgten in unserem Jahrhundert. Es zeigte sich, daß die meisten Arten leicht zu züchten sind, und so kann heute die Nachfrage von deutschen Züchtern gedeckt werden. Das ist auch sehr gut so. Als noch die Wildfänge eingeführt wurden, starben viele tausend Vögel auf den Transporten in die neue Heimat, weil sie die Umstellung nicht verkraften.

Heute sind die Unzertrennlichen neben Wellensittichen, Nymphensittichen, Kanarienvögeln und Prachtfinken die beliebtesten Stubenvögel und ziehen in immer mehr Wohnzimmer ein.

Unzertrennliche, hier ein lutinofarbenes Rosenköpfchen, gibt es in vielen verschiedenen Farben und für jeden Geschmack findet sich die passende.

Agapornidenkunde

1 Kehle	14 Handschwingen
2 Kinn	15 Armschwingen
3 Unterschnabel	16 Bürzel
4 Oberschnabel	17 Oberschwanzdecken
5 Nasenloch	18 Schwanzfedern
6 Wachshaut	19 Unterschwanzdecken
7 Stirn	20 Kloake
8 Scheitel	21 Kralle
9 Augenring	22 Zehe
10 Hinterkopf	23 Lauf
11 Nacken	24 Schenkel
12 Rücken	25 Bauch
13 Flügelbug	26 Brust

„Wir wollen nicht alleine sein, sondern immer einen Artgenossen haben, mit dem wir schmusen können. Deswegen werden wir auch 'die Liebesvögel' oder 'die Unzertrennlichen' genannt."

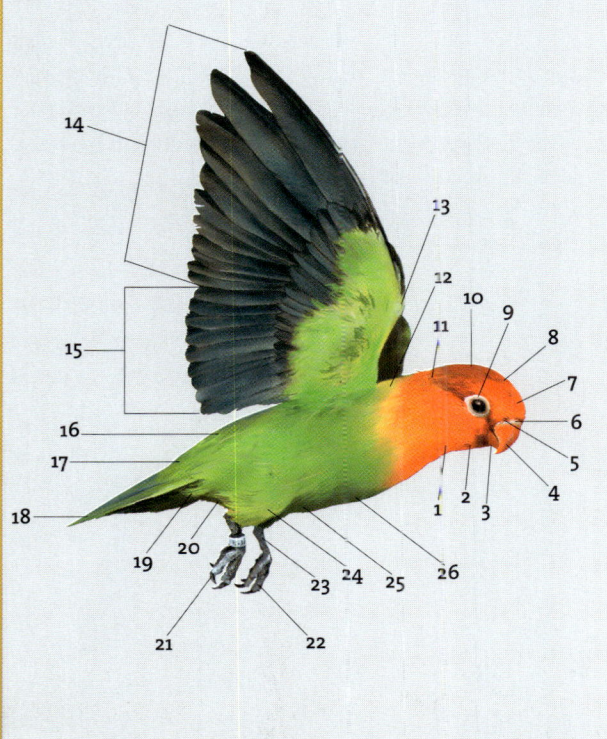

Wichtige Fragen vorab

Wie alle Papageien sind auch die Unzertrennlichen sehr sensibel, und jeder Vogel hat eine eigene Persönlichkeit. Fühlen sich die kleinen Liebesvögel bei Ihnen wohl, können Sie schon bald deren bezauberndes Turteln und Kuscheln beobachten.

Passen Agaporniden zu mir?

Doch bevor Sie losziehen, um sich die putzigen Flattermänner zu kaufen, sollten Sie sich im klaren sein, ob Agaporniden die richtigen Vögel für Sie sind. Obwohl die kleinen Piepmätze keine außergewöhnlichen Ansprüche an Sie stellen, haben auch sie Bedürfnisse an Haltung und Pflege, die erfüllt werden müssen. Nur so können die gefiederten Freunde gesund und munter bleiben. Ein Kauf kann

So aufgeweckt wie diese jungen Rosenköpfchen bleiben Ihre Unzertrennlichen nur, wenn sie sich bei Ihnen wohl fühlen.

bis zu 15 Jahre Verantwortung nach sich ziehen. In vielen Haushalten vegetieren Vögel, die aus einer Laune heraus gekauft wurden, ohne Partner oder Bezugsperson vor sich hin. Es ist nicht selten, daß diese arge Schreier werden, ihre Federn ausrupfen oder sich schlimme Verletzungen zufügen. Das folgende Kapitel wird Ihnen helfen, zu entscheiden, ob Sie gewillt und in der Lage sind, für die Unzertrennlichen möglichst artgerecht zu sorgen.

Übertragbare Krankheiten

Agaporniden können, wie alle Vögel, die inzwischen sehr seltene Papageienkrankheit bekommen. Die Krankheitserreger können zum Beispiel bei der Käfigreinigung in die Lunge gelangen und so auf den Menschen übertragen werden. Sie verursachen einen Krankheitsverlauf, der an eine schwere Grippe oder Lungenentzündung erinnert. Stellen Sie diese Symptome bei sich fest, weisen Sie den Arzt darauf hin, daß Sie Vögel halten. Eine rechtzeitig eingeleitete Antibiotikabehandlung bringt meistens rasche Hilfe. Wird diese anzeigepflichtige Krankheit nicht erkannt, kann sie zum Tod führen. Sorgen Sie für Sauberkeit im Vogelzimmer, und beachten Sie die übliche Hygiene (Händewaschen, kein Kontakt der Vögel mit Ihren Lebensmitteln oder Ihrem Geschirr).

Kinder und Unzertrennliche

Kinder, die mit Haustieren leben, lernen Verantwortung zu tragen und Respekt vor Tieren zu haben. Ein sehr guter Grund für viele Eltern, ihren Kindern die Haltung eines Haustiers zu erlauben. Durch das schöne bunte Gefieder und das süße Kuscheln der Agaporniden verlieben sich viele Kinder in die lustigen Flattermänner. Es wird dann das große Versprechen gemacht, sich immer um das liebe Federvieh zu kümmern, was auch durchaus ernst gemeint ist. Hansi hier, Bubi da – sind die neuen Hausgenossen eingezogen, gibt es für das Kind kaum noch ein anderes Gesprächsthema. Viele kleine Tierbesitzer geben sich die größte Mühe und kümmern sich rührend um die kleinen Kerle.

Passen Agaporniden zu mir?

- Haben Sie genügend Platz? Ein Agapornidenkäfig hat stattliche Ausmaße.
- Haben Sie den richtigen Standort für das Vogelheim? Zugluft, Zigarettenrauch und trockene Heizungsluft machen Unzertrennliche krank! Das Zimmer darf nicht zu dunkel sein.
- Haben Sie genügend Zeit? Agaporniden müssen täglich versorgt werden. Einmal in der Woche ist die Reinigung des Käfigs angesagt.
- Vertragen Sie die lauten Schreie der kleinen Papageien? Diese können manchmal ganz schön nerven.
- Nehmen Sie auch Verschmutzungen in Kauf? Durch das Flattern der Vögel verteilen sich die Körnerhülsen, frei fliegende Agaporniden lassen auch schon mal ein Häufchen fallen oder knabbern die Möbel an.
- Könnten andere Haustiere den Flattermännern gefährlich werden?
- Wohin mit den Vögeln im Urlaub?
- Sind Sie bereit, neben den Anschaffungs- und Verpflegungskosten auch eventuell anfallende Tierarztrechnungen zu begleichen, die manchmal den „Wert" des Vogels erheblich überschreiten können?
- Klären Sie ab, ob eine Feder- oder Stauballergie besteht.

„Wo kommt denn bloß das ganze Wasser her? Egal – Hauptsache ich kann planschen!"

Wichtig!

Leidet ein Familienmitglied an einer Allergie, sollten Sie vor dem Kauf des Vogels durch entsprechende ärztliche Tests abklären lassen, ob auch eine allergische Reaktion auf Vögel besteht. Den gefiederten Freund nach kurzer Zeit wieder abgeben zu müssen, ist meistens mit einem tränenreichen Abschied verbunden.

„Jetzt paß' auf, was ich für tolle Frisuren machen kann!"

Doch Kinder unter acht Jahren sind mit der Versorgung eines tierischen Gesellen meistens überfordert. Und auch die größeren Kinder verlieren oft die Lust, Futter zu geben oder den Käfig zu reinigen, wenn draußen die Sonne scheint und sie lieber mit Feunden spielen wollen. Nicht immer werden Agaporniden zutraulich oder entsprechen den Erwartungen, die der junge Vogelfreund in sie gesetzt hat. Das Interesse an dem Flattermann ist dann schnell verflogen.

Erklären Sie Ihrem Kind die Bedürfnisse, die ein Agapornide hat. Hastige Bewegungen oder das Greifen mit der Hand sind ebenso tabu wie Süßigkeiten oder Chips. Bedenken Sie, daß die Verantwortung für den gefiederten Freund letztendlich immer in Ihren Händen liegt. Sie müssen vielleicht 15 Jahre für die Vögel sorgen, wenn Ihr Kind sie vernachlässigt.

Agaporniden und andere Haustiere

Unzertrennliche sind nicht so friedfertig, wie sie auf den ersten Blick erscheinen. So freundlich sich die Partner untereinander verhalten, so aggressiv sind sie meistens gegen andere Vögel und häufig auch Artgenossen. Rosenköpfchen sind besonders streitsüchtig und die Vergesellschaftung mit anderen Federtieren ist nicht zu empfehlen, sogar größere und stärkere werden angegriffen. Rußköpfchen sind zwar etwas verträglicher, doch auch da ist Vorsicht angebracht. In einem Käfig normaler Größe sollten

Sie die Flattermänner nur paarweise halten. In ausreichend großen Volieren ist auch Schwarmhaltung möglich.

Aufpassen müssen Sie auch, wenn noch ein Hund oder eine Katze bei Ihnen leben. Beide haben einen mehr oder weniger ausgeprägten Jagdtrieb. Daran sollten Sie vor allem denken, wenn Ihre Agaporniden ihren Freiflug genießen. Ihrem Hund können Sie eventuell noch beibringen, daß der Flattermann keine Bereicherung des Speiseplans ist. Bei einer Katze sieht die Sache schon wieder ganz anders aus. Da wird es fast unmöglich sein, diese zusammenzulassen. Hat die Mieze einmal Interesse an den Piepmätzen gefunden, wird sie nach Wegen suchen, diese zu erhaschen. Deswegen müssen Sie auch aufpassen, daß Ihr Stubentiger keine Möglichkeit bekommt, mit den Pfoten durch die Gitterstäbe nach den Vögeln zu angeln. Diese können sich durch das aufgeregte Herumflattern schwer verletzen.

Urlaubszeit – Reisezeit

Haben die Vögel während Ihrer Reise einen Pflegeplatz, muß auf den Freiflug verzichtet werden. Zu groß ist die Gefahr eines Unfalls in der fremden Umgebung.

„Du mußt mir etwas Zeit lassen, bis ich mich eingewöhnt habe. Deswegen darfst Du mich auch nicht mit der Hand fangen oder mich erschrecken. Davon bekomme ich Angst und bleibe scheu."

Nicht immer ist das Zusammenleben von Agaporniden und Kanarienvögeln so friedlich. Bei Streitereien unterliegen die kleineren Kanarien. Dieser Unzertrennliche zeigt Mischlingsmerkmale, vermutlich von Schwarzköpfchen und Pfirsichköpfchen.

Auch die Unterbringung der gefiederten Freunde während einer Urlaubsreise will vor dem Kauf bedacht sein. Zwei Tage können die Piepmätze, mit ausreichend Futter und Wasser versorgt, schon alleine bleiben. Wollen Sie länger verreisen, ist ein Pflegeplatz bei Freunden, Verwandten oder Nachbarn eine gute Alternative. Der Vogelsitter muß sich mit den Pflegearbeiten, der Ernährung, den Vorlieben und Abneigungen Ihrer Agaporniden vertraut machen. Ideal ist es, wenn er die Vögel schon kennt. Ist im Bekanntenkreis niemand zu finden, der die Urlaubsbetreuung der Vögel übernehmen kann, lohnt sich ein Blick in den Kleinanzeigenteil Ihrer Tageszeitung. Dort finden Sie häufig Annoncen von Tierfreunden, die die Versorgung von Tieren während der Urlaubszeit auf der Basis von Gegenseitigkeit anbieten. Auch einige Zoofachgeschäfte und Vogelzüchter nehmen Ihre Lieblinge gegen einen geringen Tagessatz in Pension.

Müssen Sie Ihre Flattermänner mit auf Reisen nehmen, denken Sie daran, daß Zugluft, Kälte oder Hitze diese krank machen können. Läßt sich eine Fahrt ins Ausland nicht vermeiden, sollten Sie sich vorher nach den Einfuhrbestimmungen für Agaporniden erkundigen. Wegen der Papageienkrankheit (Psittakose) ist zumindest die Wiedereinreise nach Deutschland für die kleinen Vögel mit einer Quarantäne verbunden.

Zur Reisevorbereitung gehört auch eine Checkliste mit Infos für den Vogelsitter.

Die Auswahl der neuen Freunde

Nachdem Sie nun geklärt haben, daß die putzigen Vögel bei Ihnen einziehen sollen, müssen Sie vor dem Kauf einige Punkte abklären.

Unzertrennliche wollen nicht alleine sein

Grundsätzlich sollten keine Vögel alleine gehalten werden. Besonders die Liebesvögel verkümmern ohne die Gesellschaft eines Artgenossen.

Nur in begründeten Fällen (zum Beispiel wenn ein Agaporide unverträglich mit anderen ist) sollten Unzertrennliche alleine gehalten werden. Sie brauchen dann sehr viel Beschäftigung. Mehrere Stunden am Tag sollte Ihr kleiner Freund sich in Ihrer Nähe aufhalten dürfen und Ihre Aufmerksamkeit bekommen. Sie sind dann Partnerersatz. Das bedeutet, daß Sie mit ihm schmusen und spielen müssen und sein Gesellschafter sind. Können Sie das leisten? Auch wenn Sie jetzt diese Anforderungen erfüllen können, wie sieht es in drei oder vier Jahren aus?

Wenn die kleinen Flattermänner in Ihrer Gegenwart mit den Augen zwinkern, ist das ein Vertrauensbeweis.

Tip!

Wenn sich bei Ihnen Nachwuchs einstellt, müssen Sie deswegen Ihre Unzertrennlichen nicht weggeben. Achten Sie auf die Einhaltung der üblichen Hygiene, dann besteht weder Gefahr für die Mutter noch für das Kind.

> *„An Zweigen knabbern macht uns viel Spaß. Wenn Du draußen spielst, kannst Du uns Äste von Obstbäumen mitbringen."*

Muß es ein echtes Pärchen sein?

Bei den meisten im Handel erhältlichen Unzertrennlichen sehen Männchen und Weibchen gleich aus. Nur wenige Zoofachhändler oder Züchter können bei Jungvögeln das Geschlecht mit Gewißheit bestimmen.

Wollen Sie züchten, sollten Sie zwei Vögel kaufen, die sich in einer größeren Gruppe als Paar zusammen gefunden haben. Dann können Sie davon ausgehen, daß es sich um ein echtes Pärchen handelt. Wollen Sie ganz sicher sein, können die Geschlechter der Vögel mit Endoskopien oder DNA-Geschlechtsbestimmungen festgestellt werden. Sicherer ist es, bei einem Züchter ein Zuchtpaar zu kaufen.

Wollen Sie einfach Freude an den schönen Flattermännern haben, kann es Ihnen egal sein, ob es sich um ein echtes Pärchen handelt. Hauptsache, die beiden verstehen sich! Auch zwei gleichgeschlechtliche Agaporniden werden sich meistens zu einem Paar zusammenfinden. Sie können diese beim Schmusen und Turteln beobachten. Dann haben Sie auch nicht das Problem des ungewollten Kindersegens.

Wichtig!

Nicht umsonst heißen Agaporniden auch „die Unzertrennlichen" oder „die Liebesvögel". Ständiger Kontakt zu einem Partner ist ein Grundbedürfnis für die kleinen Vögel.

Legt eine Henne Eier, obwohl sich kein Nachwuchs einstellen soll, können diese gegen Gipseier ausgetauscht werden.

Das richtige Alter

Wollen Sie, daß Ihre neuen Hausgenossen zutraulich werden, sollten Sie unbedingt nestjunge Agaporniden kaufen, die höchstens zwölf Wochen alt sind. Zwar können sich auch ältere Unzertrennliche mit Ihnen anfreunden, doch dann müssen Sie mehr Geduld und Zeit aufbringen. Jungvögel erkennen Sie am Gefieder, dessen Farben insgesamt matter sind. Bei manchen Arten sind die Kleinen auch anders gefärbt als die Vögel, die bereits die Jugendmauser hinter sich haben. Auf den geschlossenen Fußringen ist das Geburtsjahr notiert.

Zur Zucht sollten Sie Unzertrennliche kaufen, deren Jugendmauser bereits abgeschlossen ist und die sich schon zu einem Paar zusammen gefunden haben.

„Loopings sind meine Spezialität."

Der Kauf

In Zoofachhandlungen oder bei Züchtern finden Sie die größte Auswahl. Manchmal werden im Kleinanzeigenteil der Tageszeitungen Agaporniden angeboten und hin und wieder versuchen auch Tierheime, ein Pärchen oder einen Einzelvogel zu vermitteln.

Ganz egal, wo Sie die kleinen Papageien kaufen wollen: Sie sollten von der Seriösität und vom Fachverstand der Verkäufer überzeugt sein. Ihre Fragen müssen geduldig beantwortet werden, und Sie sollten Zeit haben, sich die Tiere genau anzuschauen. Ein guter Zoofachhändler oder Züchter wird Ihnen anbieten, auch nach dem Kauf des Vogels noch mit Rat und Tat zur Seite zu stehen.

Auf Nummer Sicher gehen Sie, wenn Sie Agaporniden kaufen, die geschlossene Ringe tragen. Dort sind dann das Geburtsjahr des Vogels, eine laufende Nummer und die Züchternummer eingraviert. Das kann auch sehr hilfreich sein, wenn Ihr Flattermann einmal das Weite suchen sollte. Lassen Sie sich vom Verkäufer für jeden Vogel eine Abgabebescheinigung geben, mit der Sie den rechtmäßigen Kauf

Wichtig!

Kaufen Sie keine Vögel im Versandhandel. Der Transport bedeutet enormen Streß für die kleinen Papageien. Es macht doch viel mehr Spaß, die neuen Hausgenossen selbst auszusuchen.

In so einem Transportkäfig können Sie die Piepmätze sicher nach Hause bringen. Doch achten Sie darauf, daß für jeden Vogel ein eigenes Abteil abgetrennt ist. Sonst kann es durch die aufgezwungene Nähe und den daraus entstehenden Streß zu Streitereien und Verletzungen kommen.

Ihrer Agaporniden nachweisen können. Sinnvoll ist es, wenn in dieser Abgabebescheinigung Name und Adresse des Käufers und Verkäufers, das Kaufdatum, die genaue Bezeichnung der Vogelart, das Geschlecht, Kennzeichnungsart (Chip, offener Ring, geschlossener Ring) sowie die Kennummer, das Alter und die laufende Nummer im Zuchtbuch angegeben sind. Weiterhin sollte der Verkäufer versichern, daß die Vögel aus seinem legalen Bestand oder aus seiner legalen Zucht (mit Angabe der laufenden Zuchtbuchnummer der Elterntiere) stammen. Nähere Informationen zur Abgabebescheinigung erhalten Sie von den zuständigen Naturschutzbehörden.

Einen gesunden Agaporniden erkennen

Schauen Sie sich die Gehege genau an, in welchen die Vögel untergebracht sind. Boden und Stangen dürfen nicht verdreckt oder von Kot übersät sein. So gehaltene Vögel können schon Parasiten haben. Sitzt ein Vogel aufgeplustert auf dem Boden oder hat er trübe Augen, sollten Sie ihn nicht kaufen. Er ist bereits sehr krank. Auch teilnahmsloses oder besonders ängstliches Verhalten ist keine gute

Tip!

Lassen Sie sich vom Zoofachhändler oder Züchter ausreichend gewohntes Futter für die ersten Tage mitgeben. Dann gibt es keine Probleme wegen einer plötzlichen Futterumstellung.

Gesundheitscheckliste

- **Verhalten** aufmerksam und munter, nicht hektisch
- **Augen** klar, glänzend
- **Nase** trocken, ohne Ausfluß
- **Gefieder** sauber, gepflegt, glatt anliegend, keine kahlen Stellen, nicht aufgeplustert
- **Kloake** sauber
- **Schnabel** nicht zu lang
- **Füße** beringt, sauber, keine offenen Wunden, keine fehlenden Zehen oder Zehenglieder
- **Krallen** nicht zu lang (siehe Seite 42)

Grundlage für den Vogelkauf. Lassen Sie sich nicht aus Mitleid dazu hinreißen, einen schwachen oder kranken Vogel mit nach Hause zu nehmen. Die Freude daran wird spätestens enden, wenn ständig Tierarztbesuche anstehen, viele Rechnungen zu bezahlen sind oder der Vogel nicht mehr gesund wird.

Haben Sie sich einen Vogel ausgesucht, soll der Züchter oder Händler Ihnen diesen zeigen. Auch aus der Nähe betrachtet, darf Ihr kleiner Freund keine Krankheitsanzeichen haben.

Achten Sie darauf, daß der Zoofachhändler oder Züchter den Vogel ganz ruhig und ohne Hast aus der Verkaufsvoliere fängt. Dann haben die schreckhaften Flattermänner weniger Angst.

Lassen Sie sich Zeit beim Vogelkauf. Ein seriöser Zoofachhändler oder Züchter wird alle Ihre Fragen geduldig beantworten.

Haltung und Pflege

Ein sauberes Heim und eine gesunde Ernährung sind die Grundbedürfnisse eines jeden Tieres. Auch die Unzertrennlichen machen da keine Ausnahme. Nur wenn diese liebenswerten Papageien sich wohl fühlen, zeigen sie die ganze Palette ihres Verhaltens.

Das Vogelheim

Für das Vogelheim gilt: je größer, desto besser. Denn auch wenn die gefiederten Freunde jeden Tag Freiflug genießen können, müssen sie mehrere Stunden am Tag hinter Gittern verbringen.

Gestalten Sie diese Zeit so angenehm wie möglich. Für zwei Agaporniden muß ein Käfig ca. 100 cm lang, 50 cm hoch und 50 cm tief sein. Je mehr Vögel Sie haben, desto mehr Platz brauchen diese natürlich auch.

Damit Ihre Unzertrennlichen auch im Käfig fliegen können, sollte er schon 100 cm lang sein.

Damit der Klettermaxe auch ein wenig turnen kann, sollten die Gitter waagrecht angebracht sein. Zirka 14 mm Abstand für die Gitterstäbe sind ideal. Verzichten

Sie auf Behausungen, deren Gitter mit Kunststoff ummantelt sind. Schnell wäre das Plastik angenagt. Die Gitter sehen dann nicht mehr schön aus und können leicht rosten.

Runde Käfige sind Tierquälerei, denn sie bieten den Vögeln keine Orientierungspunkte. Wählen Sie ein einfaches rechteckiges Modell. Die meisten im Zoofachhandel angebotenen Vogelheime haben eine Bodenwanne aus Kunststoff mit einer Schublade. Das erleichtert die Reinigung der Agapornidenwohnung.

Die Türen sollten groß und so angelegt sein, daß Sie ohne Mühe jede Stelle im Käfig erreichen können. Häufiges Öffnen und Schließen der Käfigtüren kann den Verschluß lockern. Sichern Sie diese Türen mit einem Karabinerhaken ab.

Noch besser als ein Käfig ist eine Zimmervoliere, in der Ihr Flattermann kurze Strecken fliegen kann. Natürlich sind diese kein Ersatz für den Freiflug. Doch Sie können mehr Klettermöglichkeiten dort unterbringen, und der Vogel kann sich dann im Käfig mehr beschäftigen und bewegen.

Am wohlsten wird sich Ihr kleiner Papagei zusammen mit Artgenossen in einer Gartenvoliere mit Schutzraum fühlen. Doch nicht alle Agaporniden können dort auch überwintern. Wollen Sie die Flattermänner in mehreren Volieren halten, müssen Sie besonders bei den aggressiveren Agapornidenarten darauf achten, daß die Abteile durch doppelte Gitter oder doppelten Draht mit mindestens 2,5 cm Abstand abgetrennt sind, sonst kann es bei Streitereien schlimme Verletzungen an den Füßen geben.

Stimmen Sie die Haltung von Unzertrennlichen in einer Gartenvoliere vorher mit den Nachbarn ab. Die lauten Schreie der kleinen Gesellen können ganz schön nerven.

Leitern sorgen für Beschäftigung im Vogelheim. Bei diesem Modell kann sogar das Seil angenagt werden.

So groß muß ein Heim für Unzertrennliche mindestens sein, damit
sie sich darin wohl fühlen. Trotzdem
müssen sie auch noch frei fliegen
können.

Der geeignete Platz

Die Wahl des Käfigplatzes kann entscheidend dafür sein,
wie gut sich Ihre neuen Mitbewohner bei Ihnen eingewöh-
nen und ob sie gesund bleiben.

Am wohlsten fühlen sich die Vögel in Augenhöhe zu Ihnen
oder noch höher. Dort behalten sie den Überblick und geraten nicht so leicht in Panik. Ein heller Platz entspricht dem
Tagesrhythmus der geselligen Vögel am ehesten. Doch
stellen Sie das Vogelheim nicht direkt an ein Fenster! Im
Sommer kann die Sonneneinstrahlung einen Hitzschlag
verursachen; im Winter geben die Scheiben so viel Kälte
ab, daß sich der afrikanische Vogel schnell eine Erkältung
oder gar eine Lungenentzündung einfängt. Zugluft kann
für Agaporniden zu einer echten Gefahr mit lebensbedroh-
lichen Krankheiten als Folge werden. Testen Sie den aus-
gewählten Platz mit einer Kerze. Flackert die Flamme
nicht, können Sie ruhigen Gewissens den Käfig dort auf-
stellen.

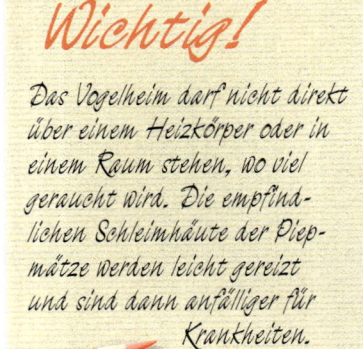

Wichtig!

Das Vogelheim darf nicht direkt
über einem Heizkörper oder in
einem Raum stehen, wo viel
geraucht wird. Die empfind-
lichen Schleimhäute der Piepmätze werden leicht gereizt
und sind dann anfälliger für
Krankheiten.

Welches Zubehör ist sinnvoll?

Sitzstangen

Das neue Heim wird schon einiges Zubehör haben.
Tauschen Sie Sitzstangen aus Plastik gegen Stangen aus
Hartholz oder ungespritzte Naturäste aus. Die kann der
kleine Papagei nach Herzenslust benagen. Äste von
Obstbäumen, Buche oder Haselnuß werden gerne angenommen, müssen jedoch vorher gründlich gereinigt
werden. Verwenden Sie keine Zweige von giftigen
Bäumen wie der Eibe oder solche, die mit Kot von wildlebenden Vögeln verschmutzt sind. Achten Sie darauf,
daß die Stangen von unterschiedlicher Stärke sind und
die Krallen des Vogels diese nicht vollständig umfassen
können. Dann werden die Fußballen des Agaporniden
nicht nur an einer Stelle belastet. Das beugt Erkrankungen
der Füße vor.

Bauen Sie das Vogelheim nicht zu, sondern lassen Sie dem
Flattermann noch etwas Platz zum Fliegen. Drei oder vier
Sitzstangen, in unterschiedlicher Höhe und gerne auch
schräg angebracht, reichen für einen Käfig normaler Größe
vollkommen aus. Dabei darf keine Stange direkt über einer
anderen oder einem Futter- oder Trinknapf befestigt sein,
damit diese nicht durch den Kot des Vogels verschmutzt
werden.

Futter- und Wassernäpfe

Sie benötigen einen Napf für die Körner und einen für
das Frischfutter. Einen weiteren, falls Sie Aufzuchtfutter
oder andere Extras anbieten wollen. Die Näpfe müssen
groß genug für die Agaporniden und leicht zu reinigen
sein. Plastik-, Keramik- und Edelstahlnäpfe sind gut geeignet. Wollen Sie Futterspender verwenden, müssen
Sie diese auch regelmäßig kontrollieren, denn manche
verstopfen leicht. Es kann auch vorkommen, daß die
Feinschmecker unter den Unzertrennlichen sich nur die
schmackhaftesten Körner herauspicken und den Rest
zu Boden werfen. Das kann zu Fehlernährung führen.
Das Futter darf nicht vom Kot verschmutzt werden. Im

Muß dieser Agapornide immer auf
so dünnen Stangen sitzen, können
kranke Fußballen die Folge sein.

Mindestens so dick müssen die
Sitzstangen sein, besser ist es, wenn
unterschiedlich starke Naturäste
verwendet werden.

Neben den herkömmlichen Futternäpfen werden im Zoofachhandel auch Futterspender angeboten. Wollen Sie diese verwenden, müssen Sie immer ein Auge darauf haben, daß die Spender nicht verstopfen. Für das Trinkwasser sind sie prima geeignet, denn sie halten es schön sauber.

Handel werden Näpfe mit Abdeckung angeboten, die meistens von außen am Käfig anzubringen sind.

Für das Trinkwasser können Sie einen Wasserspender nehmen. Dieser sorgt dafür, daß es den ganzen Tag lang schön sauber bleibt.

Badehaus

Die meisten Agaporniden lieben es, zu baden. Im Zoofachhandel werden zahlreiche Variationen von Badehäusern angeboten. Sinnvoll sind solche, die Sie in die Käfigtür einhängen können. Der Pool sollte mindestens so groß sein, daß ein Vogel sich darin drehen kann.

Badhäuschen gibt es in vielen Variationen im Zoofachhandel. Wollen Ihre Agaporniden partout nicht baden, sollten Sie sie ein- bis zweimal pro Woche mit Wasser besprühen.

Ein geriffelter Boden verhindert, daß der Planscher ausrutscht. Manche Vögel trauen sich nicht in die geschlossenen Häuschen. Bieten Sie diesen eine mit Wasser gefüllte Schale an, die Sie an einen Platz des Käfigbodens stellen, wo das Wasser nicht schmutzig werden kann. Wollen Ihre Agaporniden partout nicht baden, sollten Sie sie ein- bis zweimal pro Woche mit Wasser besprühen.

Spielsachen

Dabei sind Ihrer Phantasie kaum Grenzen gesetzt. Zwar können Sie viele Spielsachen aus Hartholz oder Metall im Zoofachhandel kaufen, doch viel mehr Spaß macht es, diese selbst zu basteln. Bälle aus Hanfschnüren, eine Wurst

aus Stroh oder Bast, mit Hanfband umwickelt, sind die Renner. Wollen Sie Spielzeug selbst basteln, verwenden Sie Weichhölzer oder Naturäste (siehe Seite 31), dann kann der kleine Papagei daran knabbern. Doch am liebsten wird sich der Piepmatz damit beschäftigen, Äste oder dicke Stricke in Einzelteile zu zerlegen.

Klettergerüste können Sie im Zoo-fachhandel kaufen oder selbst bauen.

Verzichten Sie auf Spielzeug aus Plastik. Schnell haben die kleinen Papageien es angenagt und ein Stück verschluckt. Solide Spielsachen aus Holz oder Naturästen bereiten Ihren Agaporniden sowieso mehr Spaß.

Bau eines Kletterbaumes

Bauanleitung

1. Befestigen Sie den großen Ast im Christbaumständer. Stellen Sie den Ständer in den Pflanzkübel und beschweren Sie ihn mit einigen Steinen.
2. Füllen Sie den Kübel bis etwa 3 cm unter den Rand mit Blumenerde auf, und drücken Sie diese gut fest.
3. Legen Sie auf die Erde ein Stück Kunststoffolie, und füllen Sie den Kübel mit Vogelsand auf.
4. Kürzen Sie die Seitenäste soweit, daß Sie nicht über den Rand des Kübels hinausragen.
5. Verbinden Sie einige der Seitenäste mit den dünneren Zweigen, damit zusätzliche Sitzstangen entstehen. Verwenden Sie dazu Blumendraht, und umwickeln Sie diesen anschließend mit Bast oder Hanfseil (Verletzungsgefahr).
6. Bringen Sie einige Spielzeuge im Baum an, damit die Vögel den Baum schnell zu ihrem Lieblingsplatz machen und andere Einrichtungsgegenstände verschonen.

Sie brauchen

1 großen Blumenkübel
1 Christbaumständer
1 verzweigten Laubbaumast
   von etwa 6 bis 10 cm Dicke
mehrere, etwa 2 bis 3 cm dicke
   Zweige von Laubbäumen
5 bis 10 größere Steine
5 bis 15 kg Blumenerde (je nach Größe des
   Kübels)

3 bis 5 kg Vogelsand (je nach Größe des Kübels)
etwas Kunststoffolie
1 Rolle Blumendraht
1 Rolle Bast oder Hanfseil

Die richtige Ernährung

Vögel, die als Heimtiere gehalten werden, haben andere Ansprüche an das Futter als die Artgenossen in freier Natur. Sie haben in der Regel weniger Bewegung, müssen keine Dürreperioden überstehen, und die Nahrung wird „auf einem silbernen Tablett serviert". Da kann der gefiederte Freund schnell ein paar Gramm zuviel auf die Waage bringen. Auch entwickeln manche Feinschmecker Vorlieben für bestimmtes Futter, was schnell eine Fehlernährung zur Folge haben kann. Eine ausgewogene und abwechslungsreiche Ernährung ist neben der richtigen Pflege das A und O, damit Ihre Piepmätze gesund und munter bleiben. Wenn Sie sich an ein paar Grundregeln halten, werden Sie viel Spaß mit den putzigen Agaporniden haben. Auf Seite 40 finden Sie einen Vorschlag für einen Menüplan.

Zur richtigen Ernährung gehört natürlich auch immer frisches Trinkwasser. Ist die Qualität gut, kann ohne weiteres Leitungswasser gegeben werden. Wollen Sie mehr über die Qualität Ihres Wassers erfahren, geben die Wasserwerke gerne Auskunft. Gerade in Ballungsräumen wird häufig Chlor zugesetzt. Mineralwasser ohne Kohlensäure ist dann eine Alternative. Lassen Sie das Wasser immer einige Stunden abstehen, bevor Sie es den Vögeln reichen. Dann hat es die richtige Temperatur.

Nur durch ausgewogene Ernährung bleiben Ihre Piepmätze gesund.

Sie müssen jeden Tag frisches Trinkwasser anbieten und den Napf reinigen, sonst bilden sich im Wasser Keime, die Ihre Vögel krank machen können.

Körnerfutter

Die im Zoofachhandel angebotenen Fertigmischungen für Großsittiche oder Agaporniden bieten meistens ein gutes Mischungsverhältnis der benötigten Körner. Hauptbestandteile sollten Glanz und die verschiedenen Hirsesorten sein. Weiterhin sind Negersaat, geschälter Hafer und Kardisaat in geringeren Mengen wichtig. Die ölhaltigen Sonnenblumenkerne und Hanf dürfen nicht zu reichlich gegeben werden, da sie die Vögel schnell fett werden lassen. Kolbenhirse wird sehr gerne genommen, doch ausschließlich sollte sich Ihr kleiner Freund davon nicht ernähren. Sie eignet sich auch sehr gut als Diätfutter.

Für ein oder zwei Vögel lohnt es sich nicht, Körner in Großpackungen zu kaufen. Zwar sind diese recht günstig, doch das Futter ist alt, bevor alles verbraucht ist. Je älter die Körner sind, desto weniger Vitamine enthalten sie. Riecht das Futter streng oder sind weißliche Beläge zu erkennen, ist es verdorben. Die ölhaltigen Samen können ranzig werden und den Flattermann krank machen. Sind Sie sich nicht sicher, ob die Körner noch frisch sind, machen Sie die Keimprobe (Seite 40). Ein Eßlöffel pro Tag ist für einen Agaporniden in der Regel ausreichend, in Freivolieren gehaltene Vögel benötigen etwas mehr. Pusten Sie die leeren Körner von den Näpfen weg, bevor Sie neue nachfüllen. Dann kann der Vogel ungehindert fressen. Es ist schon vorgekommen, daß Agaporniden vor vollen Näpfen gehun-

Wichtig!

Beim Spaziergang können Sie Grünfutter für Ihre gefiederten Freunde sammeln. Doch pflücken Sie nur Pflanzen, die Sie kennen.

gert haben, weil sie die mit leeren Hülsen verdeckten Körner nicht gefunden haben.

Ist Ihr gefiederter Freund ein kleiner Feinschmecker, der sich nur bestimmte Körner heraussucht geben Sie lieber öfter kleine Portionen. Dann ist der Gourmet gezwungen, auch die ungeliebten Samen zu fressen. Doch versuchen Sie nicht, Ihren Piepmatz durch Reduzierung des Futters auf sein Idealgewicht zu bringen. Vögel haben einen sehr schnellen Stoffwechsel und sind auf regelmäßige und ausreichende Futteraufnahme angewiesen.

Futterpellets

Inzwischen füttern viele Züchter ihre Vögel nicht mehr mit Körnerfutter, sondern geben ihnen Futterpellets. Die Hersteller versprechen eine ausgewogene und gesunde Kompletternährung. Wollen auch Sie Ihre Agaporniden damit ernähren, sollten Sie das Futter langsam umstellen, das heißt, den Anteil an Pellets zum normalen Samenfutter nur langsam erhöhen. Manche Vögel lassen sich nicht für die Pellets begeistern, andere sind ganz wild darauf. Auch bei den gefiederten Freunden sind die Geschmäcker verschieden.

Halbreifer Mais ist ein wahrer Leckerbissen für die kleinen Feinschmecker.

Frischfutter

In ihrer Heimat ernähren sich die Unzertrennlichen nicht nur von Sämereien, sondern auch von Grünfutter, Obst und Keimfutter. Trockene Körner alleine können den Vitamin- und Nährstoffbedarf nicht decken. Frischfutter ist also ein wichtiger Bestandteil des Speiseplans. Nicht immer wird

Giftige Pflanzen

Nicht jedes Frischfutter ist für Ihren Vogel gesund. Auch während des Freiflugs drohen Gefahren. Viele Zimmerpflanzen oder Schnittblumen können Ihren Hausgenossen schaden oder sogar tödlich sein. Ihre Unzertrennlichen sollten keine Möglichkeit haben, zum Beispiel folgende Pflanzen zu fressen oder anzunagen:

Gefleckter Aronstab, Becherprimel, Buschwindröschen, Christusdorn, Diffenbachie, Roter Fingerhut, Goldregen, Efeu, Eibe, Eisenhut, Fensterblatt, Flamingoblume, Herbstzeitlose, Schwarzer Holunder, Gemeine Hundspetersilie, Hyazinthe, Immergrün, rohe und grüne Kartoffeln, Kirschlorbeer, Kolbenfaden, Leberblümchen, Maiglöckchen, Nachtschattengewächse, gelbe Narzisse, Oleander, Philodendron, Rizinus, Schefflera, Gefleckter Schierling, Stechapfel, Stechpalme, Sumpfschwertlilie, Tollkirsche, Wandelröschen, Weihnachtsstern, Beeren des Zierspargels, Zwergholunder.

Doch immer wieder halten neue oder unbekannte Pflanzen Einzug in unsere Wohnungen. Bevor Sie eine neue kaufen oder wenn Sie sich bei den vorhandenen Pflanzen nicht sicher sind, fragen Sie lieber beim Blumenhändler nach. Diese Liste kann nicht abschließend alle schädlichen Pflanzen nennen.

Bild rechts: Sie sollten die kleinen Papageien möglichst früh an Frischfutter gewöhnen.

sich Ihr Agapornide darauf stürzen. Manchmal müssen Sie es öfter anbieten, bis es genommen wird. Es ist sinnvoll, bereits junge Vögel daran zu gewöhnen. Gekauftes Obst und Gemüse muß erst gründlich gewaschen werden, bevor Sie es Ihrem Liebling anbieten können. Vom Salat sollten Sie nur die inneren Blätter und die Salatherzen reichen. Sie können süße Äpfel, Birnen und Feigen sowie Spinat, Petersilie, Karotten und Gurken füttern. Milchreifer Mais und Hagebutten werden gerne genommen und können sogar tiefgefroren und dann in den Wintermonaten aufgetaut wieder angeboten werden. Ganz oben in der Beliebtheitsskala stehen Vogelmiere und Löwenzahn. Von Ihren Spaziergängen können Sie auch Rispengras, Vogelwicke, Hirtentätschelkraut, Breit- und Spitzwegerich und Melde mitbringen. Doch an viel befahrenen Straßen sollten Sie keine Futterpflanzen sammeln. Diese können sehr stark mit Schadstoffen belastet sein. Auch Obst und Salat sollten nach Möglichkeit nicht behandelt sein.

Zusätze

Zur Grundausstattung im Vogelheim gehören eine Sepiaschale und ein fester Kalkstein für Papageien. Vögel brauchen sehr viel Kalk für den Knochenaufbau und das Wachstum der neuen Federn.

Naturäste von Weiden- oder Obstbäumen sorgen für Beschäftigung. Faser für Faser werden sie zerlegt und versorgen den Klettermaxe ganz nebenbei noch mit wichtigen Mineralien und Spurenelementen. Doch bevor Sie diese geben, müssen sie noch gut gereinigt werden. Verwenden Sie keine Zweige, die mit Kot von wildlebenden Vögeln verschmutzt sind.

Zur Einstreu im Käfig ist Vogelsand ideal. Achten Sie beim Kauf darauf, daß er Muschelgrit enthält. Fehlt der Grit, können Sie ihn in einem Extranapf anbieten oder auf den Boden streuen, das beschäftigt den Flattermann.

Gelegentlich können Sie Ihren Piepmätzen auch etwas Aufzuchtfutter anbieten. Besonders während der Mauser oder wenn er kränklich sein sollte, gibt es ihm neue Kraft.

Während dieser Zeiten und während des Wachstums braucht der Vogel zusätzliche Vitamine. Ein gesunder Agapornide, der ausgewogen ernährt wird, kann ansonsten gut ohne auskommen. In Zoofachgeschäften gibt es eine große Auswahl an Vitaminpräparaten, die mehr oder weniger gehaltreich sind. Lassen Sie sich bei Bedarf beraten und suchen Sie dann das passende Mittel aus.

Aufzuchtfutter enthält viel Eiweiß. Darauf sind Vögel während des Wachstums angewiesen.

Naschereien

Snacks, Kräcker und Naschereien werden in großer Vielfalt vom Handel angeboten. Diese Extras sind meistens sehr gehaltvoll und dürfen nur in Maßen, am besten nur als Belohnung, angeboten werden. Sie müssen bei der Ernährung Ihrer Unzertrennlichen mitgerechnet und vom normalen Körnerfutter abgezogen werden.

Agaporniden sind sehr aufmerksam. Während Sie am Tisch sitzen und essen, werden die kleinen Papageien Sie dabei ganz genau beobachten. Während des Freiflugs werden sie unbedingt versuchen, von Ihrer Mahlzeit zu probieren. Deswegen sollten die Vögel während des Kochens und des Essens im Käfig bleiben. Sind sie einmal

Wichtig!

Geben Sie keine Äste oder Pflanzen, die an vielbefahrenen Straßen gewachsen sind. Diese können mit Schaastoffen belastet sein und Ihren Vögeln sehr schaden.

Erprobter Menüplan

Täglich	Mehrmals wöchentlich	Nach Bedarf	Während der Mauser	Während einer Krankheit
• 1 Eßlöffel Körnerfutter für einen Agaporniden • Trinkwasser • Grünfutter, Obst oder Keimfutter (je nach Jahreszeit) • frische Zweige zum Benagen	• Kolbenhirse	• Kalkstein erneuern • Jungvögel mit einem Vitaminpräparat versorgen	• Vitaminpräparat • Kalziumpräparat über das Trinkwasser geben • Aufzuchtfutter	• Kamillentee oder schwachen schwarzen Tee • überwiegend Kolbenhirse • Vitaminpräparat • wenn nötig, Aufzuchtfutter

„Wenn Du uns etwas Leckeres geben willst, freuen wir uns über süße Äpfel und Feigen. Im Sommer kannst Du für uns Löwenzahn und Klee sammeln."

auf den Geschmack gekommen, werden Sie beim Essen keine Ruhe mehr haben. So sehr auch gebettelt und gezetert wird, Sie tun den gefiederten Gesellen keinen Gefallen, wenn Sie sie kosten lassen. Gekochtes Essen ist nichts für Vögel! Wenn Sie möchten, können Sie ungesalzene und gekochte Nudeln oder Kartoffeln anbieten. Doch damit erziehen Sie den Flattermann nur zum Betteln. Denn er wird nicht zwischen gesunden oder ungesunden Speisen unterscheiden. Viele Papageien entwickeln Vorlieben für Salzstangen oder Chips. Ich kenne einige Vogelhalter, die dachten, Ihrem kleinen Nimmersatt diese Freude gönnen zu müssen. Diese Vögel starben sehr jung. Eine Folge dieser Fehlernährung kann eine Lebererkrankung sein, an der die Tiere qualvoll sterben. Auch Süßigkeiten sind tabu und gehören nicht in den Schnabel eines Agaporniden.

Keimfutter selbst gemacht

Im Winter, während der Mauser oder zur Aufzucht von Jungvögeln, sollten Sie Ihren gefiederten Freunden Keimfutter anbieten. Es ist auch eine gute Alternative, wenn Sie kein ungespritztes Gemüse oder Wildkräuter verfüttern können. Der Keimprozeß schließt die Samen auf und aktiviert die Vitamine. Diese werden dann besonders gut ver-

tragen. Wenn im Sommer die Queck-
silbersäule steigt und es sehr heiß
ist, sollten Sie auf Keimfutter
verzichten. Dann säuert es sehr
schnell und kann schimmeln.
Das würde Ihrem Agaporniden
eher schaden als nutzen, kann ihn
sogar krank machen.

Keimfutter selbst herstellen

Geben Sie die Menge Körner für einen Tag
in ein Sieb und hängen Sie dieses in eine Schüssel. Nun lassen Sie soviel Wasser in die Schüssel,
bis alle Samen bedeckt sind.
Wechseln Sie nach zwölf Stunden das Wasser aus und spülen
Sie die Samen gut ab. Dadurch
werden die Körner von Schmutz
und Staub befreit. Nach weiteren zwölf
Stunden hängen Sie das Sieb in eine Schüssel ohne Wasser
und decken es ab. Lassen Sie es 24 bis 48 Stunden stehen,
bis es gekeimt hat. Entfernen Sie faulende Keime und
spülen sie es täglich unter fließendem Wasser. Wollen
Sie Ihrem Vogel diesen Leckerbissen jeden Tag anbieten,
sollten Sie mehrere Siebe ansetzten.

Falscher Wuchs des
Schnabels, wie bei diesem
Schwarzköpfchen blau-weiß
mit Dunkelfaktor, darf nur von
Fachleuten korrigiert werden.

Die richtige Pflege

Nur in einem sauberen Heim werden sich Ihre Liebesvögel
so richtig wohl fühlen und Sie mit ihrem lustigen Verhalten erfreuen können. Die regelmäßige Reinigung des
Vogelheims verhindert nicht nur unangenehmen Geruch,
sondern ist auch die Voraussetzung für die Gesundheit
der kleinen Piepmätze. Fehlt die notwendige Hygiene,
sind Krankheiten vorprogrammiert. Damit Ihnen diese
Aufgabe schnell zur Routine wird, ist es sinnvoll, einen
Pflegeplan zu erstellen. Dann hat jede Tätigkeit bald einen
festen Platz in Ihrer Freizeit. Mit so einem Plan können
Sie genau einteilen, wann die verschiedenen Aufgaben
erledigt werden müssen.

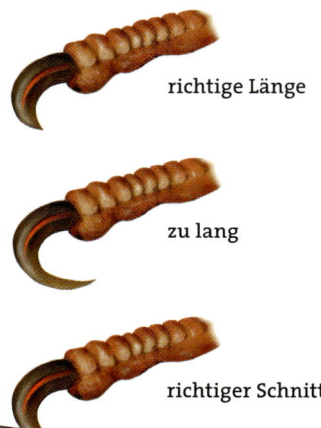

richtige Länge

zu lang

richtiger Schnitt

Krallen- und Schnabelpflege

Die Krallen Ihrer Agaporniden werden selten zu lang, wenn Sie das Vogelheim mit Naturästen und einem Wetzstein ausgestattet haben. Trotzdem kann es vorkommen, daß die Krallen einmal geschnitten werden müssen. Nehmen Sie den Vogel vorsichtig und ohne ihn zu erschrecken in die Hand. Halten Sie die Krallen gegen das Licht, und achten Sie darauf, daß Sie die durchscheinenden Blutgefäße nicht verletzen. Halten Sie einen Abstand von mindestens einem Millimeter zu den Blutgefäßen ein (siehe links).

Der Schnabel muß nur in Ausnahmefällen gekürzt werden, meistens bei Vögeln, die übermäßigen Schnabelwuchs haben. Das sollten Sie dann dem Tierarzt, einem erfahrenen Züchter oder Zoofachhändler überlassen. Denn wenn ein Schnabel nicht richtig gekürzt wird, kann der Flattermann vielleicht nicht mehr fressen und muß bei vollen Näpfen verhungern.

Pflegeplan

Täglich

- Näpfe mit heißem Wasser ausspülen.
- Leere Körnerhülsen entfernen und Futter auffüllen.
- Trinkwasser und Badewasser erneuern.
- Grünfutter und Obstreste vom Vortag entfernen.
- Den Käfig oder die Innenvoliere auf starke Verschmutzungen überprüfen und diese entfernen.
- Beobachten, ob der Vogel krank erscheint.

Alle zwei Tage

Vogelsand im Käfig oder der Innenvoliere austauschen.

Wöchentlich

- Käfig oder Innenvoliere gründlich mit heißem Wasser reinigen. Vorsicht: Keine scharfen Reinigungsmittel verwenden!
- Sitzstangen kurz einweichen und mit einem Topfschwamm reinigen.
- Spielzeug mit heißem Wasser reinigen.
- In Gartenvolieren den Boden rechen und Schmutz entfernen.
- Der Kletterbaum muß gereinigt werden. Stark verschmutzte Stellen im Sand sind zu entfernen.

Monatlich

- Käfig oder Voliere sowie die Ausstattung nach dem Säubern, wenn nötig, desinfizieren.
- Äste und Zweige erneuern.
- Sand und Grasstücke in der Gartenvoliere austauschen.
- Die Zweige und den Sand des Kletterbaums erneuern.

Gesundheitsvorsorge und Krankheiten

Ausgewogene und richtige Fütterung, gute Pflege und Haltung sind die Bausteine, um viel Freude an den putzigen Agaporniden zu haben. Trotzdem kann es einmal vorkommen, daß die kleinen Papageien krank werden. Die beste Chance auf Heilung haben die kleinen Gesellen, wenn ein Unwohlsein schnell erkannt wird. Doch Vögel versuchen, ihre Krankheitssymptome zu verbergen, denn in freier Natur wird ein kranker Vogel schnell als leichte Beute erkannt. Nur durch intensive Beschäftigung mit Ihren kleinen Piepmätzen wird Ihnen eine Veränderung im Verhalten auffallen. Besonders, wenn ein Vogel viel schläft, weniger frißt und mit gesträubtem Gefieder auf der Stange sitzt, ist Vorsicht angesagt. Dann können eine Infrarotlichtbehandlung (siehe Seite 44) oder eine Umstellung des Futters dem kleinen Piepmatz schon helfen.

Sitzt Ihr kleiner Papagei mit aufgeplustertem Gefieder und geschlossenen Augen am Boden, ist er sehr krank und muß sofort zum Tierarzt gebracht werden!

Sitzt der kleine Flattermann jedoch mit aufgeplustertem Gefieder und zusammengekniffenen Augen am Boden, ist er bereits sehr krank. Dann darf keine Zeit vergeudet werden, und der Patient muß schnellstmöglich dem Tierarzt vorgestellt werden! Besonders kranke Vögel nehmen rasch ab, und ihr Zustand kann nach ein oder zwei Tagen schon so kritisch sein, daß Hilfe oft zu spät kommt.

Eine Ausnahme ist die Mauser (siehe Seite 48), die die kleinen Vögel auch sehr mitnehmen kann.

Die Hausapotheke

Sie sollten nicht allzu viel an dem gefiederten Freund „herumdoktern". Schnell kann aus einer einfachen Erkältung eine Lungenentzündung werden. Doch bei den ersten Anzeichen einer Unpäßlichkeit können Sie mit einfachen Mitteln versuchen, dem Vogel zu helfen.

Wichtig!

Häufig wird vermehrter Urinabsatz mit Durchfall verwechselt. Dann schwimmt der braungrüne, geformte Kot in einer großen Menge Flüssigkeit. Das kann auf eine Nierenerkrankung hinweisen.

„Manch-
mal fallen viele
meiner Federn aus. Das
nennt man Mauser. Doch
mach' Dir keine Sorgen.
Mein schönes Gefieder
wächst bald wieder
nach."

Wichtig!

Reinigen Sie den Käfig nicht,
bevor Sie den Vogel zum Doktor
bringen, damit der Tierarzt Kot
und eventuell Erbrochenes be-
gutachten kann. Achten Sie
beim Transport des kranken
Agaporniden besonders darauf,
daß er keine Zugluft abbe-
kommt und daß er nicht
starker Kälte oder Hitze aus-
gesetzt ist.

Kamillen- oder schwacher schwarzer Tee bekommt dem kränklichen Freund sehr gut. Hat er zum Beispiel Durchfall, kann die Gabe von Tee oder Vogelkohle den Besserungsprozeß beschleunigen. Reichen Sie dann auch noch Kolbenhirse, wird der Durchfall, sofern es sich nur um eine Unpäßlichkeit handelt, schnell wieder weg sein. Sie sollten auch immer etwas blutstillende Watte im Haus haben, damit Verletzungen vom Krallenschneiden leicht wieder behoben werden können.

Sie sollten immer einen zusätzlichen Käfig zur Quarantäne greifbar haben, um einen kranken Vogel zu separieren. Dann ist die Gefahr geringer, daß er seine Mitbewohner ansteckt. Im Zoofachhandel werden spezielle Quarantänekäfige angeboten, die meistens beheizbar sind und die nur zur Vorderseite Gitter haben. Die restlichen Wände sind aus Holz oder besser noch aus Plastik. Es reicht aber auch, wenn Sie einen ganz normalen Käfig oben und an drei Seiten mit einem Tuch abdecken und an einen warmen Platz stellen. Darin hat der Kranke seine Ruhe und kann sich auskurieren. Sie können das Futter ganz auf ihn abstimmen und Medikamente geben. Trotzdem sollten Sie die anderen Vögel in der nächsten Zeit ganz genau beobachten. Manchmal macht sich eine Erkrankung erst nach ein paar Tagen bemerkbar.

Mit einer Infrarotbehandlung kann Unwohlsein behoben oder die Zeit bis zum Tierarztbesuch überbrückt werden. Stellen Sie eine handelsübliche Infrarotlichtlampe einen halben Meter vom Käfig entfernt auf. Bestrahlen Sie nur eine Käfighälfte, damit der Vogel ausweichen kann. Halten Sie Ihre Hand in den bestrahlten Bereich des Käfigs. Ist es dort zu heiß, stellen Sie die Lampe so weit weg, bis Sie die Wärme im Käfig als angenehm empfinden. Sorgen Sie für ausreichend Trinkwasser und bringen Sie das Futter in der unbeleuchteten Käfighälfte unter, damit es nicht verdirbt. Lassen Sie die Lampe so lange an, bis sich der Vogel aus der Wärme zurückzieht, doch nach einem Tag sollten Sie eine Pause machen, um zu sehen, wie sich der Patient verhält. Sorgen Sie anschließend für Wärme im Vogelzimmer, und vermeiden Sie wie immer Zugluft. Hat sich der Zustand des Vogels innerhalb von 24 Stunden nicht verbessert oder sogar verschlechtert, müssen Sie ihn einem Tierarzt vorstellen.

Der Tierarztbesuch

Schnell kann sich aus einer Unpäßlichkeit Ihres kleinen Papageies eine schlimme Krankheit entwickeln. Dann heißt es, schnell handeln und den Patienten zum Tierarzt bringen! Seien Sie auf diesen Fall vorbereitet und besorgen Sie sich bereits vor dem Ernstfall die Adresse eines auf Vögel spezialisierten Tierarztes. Dann wird keine wertvolle Zeit vergeudet. Damit der Tierarzt Ihrem Liebling schnell helfen kann, braucht er Informationen zur Haltung und zum Zustand des Kranken.

Medikamente

Es ist wichtig, daß Sie sich immer genau an die Anweisungen des Tierarztes oder die Angaben der Packungsbeilage halten, wenn Ihrem gefiederten Freund Medikamente verordnet werden. Diese können je nach Form der Arznei über das Wasser, das Futter oder direkt in den Schnabel verabreicht werden. Frißt und trinkt der Patient nicht mehr, geben Sie die Medizin mit einer Pipette oder einer Spritze ohne Nadel direkt in den Schnabel. Dazu müssen Sie ihn so halten, daß er den Kopf nicht winden oder wegdrehen kann. Dann geben Sie das Medikament vorsichtig ein.

Diese Fragen kann der Tierarzt stellen

- Wie alt ist der Vogel?
- Seit wann haben Sie ihn?
- Wie sieht der Kot aus? (Unbedingt Kotprobe mitnehmen!)
- Welche Symptome zeigt der Vogel?
- Wann sind diese Ihnen das erste Mal aufgefallen?
- Hatte der Vogel diese Beschwerden früher schon einmal? Wie oft?
- Mit welchen Medikamenten wurde er behandelt?
- Wo steht der Vogelkäfig? Wie groß ist er?
- Haben Sie noch andere Vögel?
- Welches Futter bekommt er normalerweise?
- Was hat er zuletzt gefressen? (Futterprobe mitnehmen!)
- Hatte der Vogel Kontakt mit Chemikalien oder anderen Schadstoffen?
- Hatte der Vogel einen Unfall?
- Sind Menschen im Umfeld des Vogels erkrankt?

So halten Sie den kleinen Patienten richtig, wenn Sie ihm Medikamente eingeben müssen.

Die häufigsten Krankheiten

Bindehautentzündung
Symptome: Geschwollenes, entzündetes Auge, meist nur ein Auge, selten Ausfluß.
Ursache: Infektion, Zugluft, Chemikalien, verschmutzte Sitzstangen, an denen sich der Vogel das Gesicht reibt, Erkältung.
Behandlung: Vorsichtiges Betupfen des Auges, zum Beispiel mit Aureomycin-Augensalbe (verschreibungspflichtig), Kamillenextrakt oder Borwasser. Stellt sich nach zwei Tagen keine Besserung ein oder verschlechtert sich der Zustand des Vogels, müssen Sie mit ihm zum Tierarzt gehen.

Durchfall
Symptome: Mehrmals breiiger oder wäßriger Kot, das Gefieder um die Kloake ist verschmutzt.
Ursache: Vielerlei Ursachen können den Durchfall ausgelöst haben. Häufig ist zu feuchtes Grünfutter schuld, doch auch verdorbenes Futter, eine Erkältung oder eine Darmentzündung (z. B. Coccidiose) können der Grund sein.
Behandlung: Trennen Sie den Vogel von Artgenossen. Kein Grünfutter. Kolbenhirse (wirkt darmberuhigend), schwachen Pfefferminz-, Kamillen- oder schwarzen Tee anbieten. Wärme im Vogelzimmer, am besten durch Infrarotlichtbestrahlung. Legen Sie den Käfig mit weißem Papier aus, statt Vogelsand zu verwenden. Dann können Sie den Kot besser kontrollieren. Bessert sich der Zustand nach ein bis zwei Tagen nicht, Tierarzt aufsuchen (Kotprobe mitnehmen). Verdauungsbakterien können helfen.

Entzündete Füße
Symptome: Blutende Füße, Krusten, Ekzeme an den Füßen. Der Vogel kann sich nicht auf der Stange halten und fällt herunter.
Ursache: Stark verschmutzte Sitzstangen, ein verdreckter Käfigboden oder Durchfall können die Gründe sein. Häufig liegt es auch an einheitlich starken Sitzstangen, die die Füße nicht beweglich halten. Der ständige Druck auf dieselben Stellen macht den Fuß wund.
Behandlung: Weichen Sie die Krusten in lauwarmem Kamillentee. Haben diese sich gelöst, tragen Sie Wundpuder- oder Heilsalbe auf die gewaschenen Füße auf. Legen Sie den Käfig mit unbedrucktem Papier aus. Polstern Sie dünne Sitzstangen mit Fensterleder. Tritt nach wenigen Tagen keine Besserung ein, Tierarzt aufsuchen. Bringen Sie im Käfig unterschiedlich dicke Sitzstangen an. Das hält die Füße beweglich.

Erkältung
Symptome: Schweres Atmen, Niesen und Husten, feuchte oder triefende Nasenöffnungen, entzündete Augen und Teilnahmslosigkeit.
Ursache: Zugluft, starke Temperaturschwankungen, zu kaltes Bade- und Trinkwasser.
Behandlung: Wärme (Erhöhung der Raumtemperatur, Infrarotlichtbehandlung, Seite 44). Nehmen Ausfluß aus Nase und Schnabel zu, spätestens nach einem Tag den Tierarzt aufsuchen (Gefahr einer Lungenentzündung).

Fettleibigkeit
Symptome: Schwere Atmung nach geringer Anstrengung. Bewegungs-, Flug- und Sangesunlust. Probleme bei der Mauser. Erhöhte Krankheitsanfälligkeit. Übergewicht kann im Bauchbereich erfühlt werden.
Ursache: Zu wenig Bewegung und zu kalorienhaltiges Futter. Stoffwechselerkrankung.
Behandlung: Futter in Maßen reduzieren, Diät mit Hirse und Glanzsaat, wobei der Vogel jedoch nicht hungern darf. Eventuell einen größeren Käfig kaufen und den Vogel öfter frei fliegen lassen, mit ihm spielen. Stellt sich nach zwei- bis drei Wochen keine Besserung ein, sollten Sie den Tierarzt aufsuchen, der den Agaporniden auf eine Stoffwechselerkrankung hin untersucht.

Gehirnerschütterung
Symptome: Schiefhalten des Kopfes, Benommenheit oder Bewußtlosigkeit.
Ursache: Aufprall, zum Beispiel gegen eine Scheibe oder ein Möbelstück.
Behandlung: Sorgen Sie dafür, daß der Vogel Ruhe bekommt, und dunkeln Sie das Vogelzimmer ab. Rufen Sie den Tierarzt an.

Hautpilz
Symptome: Häufiges Kratzen und Unruhe. Besonders unter den Flügeln und im Kopfbereich sind Veränderungen der Haut erkennbar.
Ursache: Pilzinfektion
Behandlung: Tierarzt aufsuchen.

Knochenbrüche
Symptome: Fehlstellung an Beinen oder Flügeln. Der Vogel fliegt nicht mehr oder hinkt.
Ursache: Aufprall während des Freifluges, Hängenbleiben (zum Beispiel an Vorhängen), vor Schreck panikartiges Flattern im Käfig.
Behandlung: Der betroffene Knochen muß ruhiggestellt werden. Tierarzt aufsuchen.

Lähmungen
Symptome: Der Agapornide kann ein oder beide Beine oder Flügel nicht mehr bewegen.
Ursache: Meistens Vitaminmangel. Legenot kann auch Lähmungen verursachen, wenn das Ei auf einen Nerv drückt. Manchmal kann auch ein zu enger oder eingewachsener Fußring oder ein Tumor an der Lähmung schuld sein.
Behandlung: Tierarzt aufsuchen. Vitaminmangel können Sie mit Vitaminpräparaten und viel Frischfutter ausgleichen.

Legenot
Symptome: Das Weibchen preßt mit starker Anstrengung und versucht vergeblich, ein Ei zu legen. Später ist es erschöpft und sitzt apathisch mit aufgeplustertem Gefieder am Boden. Die Atmung fällt ihr schwer, der Unterleib ist geschwollen, und die Kloake ist gerötet und heiß.
Ursache: Die Schale des Eies ist zu dünn, fehlt oder ist zu rauh, auch kann das Ei zu groß sein. Falsche Ernährung (Verfettung, Vitaminmangel), unsaubere Haltung. Manchmal eine Veranlagung des Tieres, welche nicht zu ändern ist.
Behandlung: Nehmen Sie den Vogel in die Hand, reiben Sie die Kloake vorsichtig mit Speiseöl ein, und massieren Sie den Bauch behutsam in Richtung Kloake. Geht das Ei in einer halben Stunde nicht ab, müssen Sie sofort den Tierarzt aufsuchen, weil ein Darmverschluß droht.

Papageienkrankheit (Ornithose, Psittakose)
Symptome: Schwacher Allgemeinzustand, der Vogel hat Erkältungsanzeichen, häufig auch Durchfall, der blutig sein kann.
Ursache: Ein Erreger, mit welchem der Vogel oft jahrelang infiziert sein kann, bevor die Krankheit ausbricht. Zum Glück wurde diese Gefahr in Deutschland früh erkannt, dank der strengen Kontrollen ist diese Krankheit inzwischen sehr selten. Doch wenn Sie Ihre Agaporniden in einer Gartenvoliere untergebracht haben oder ihnen im Sommer einen Aufenthalt im Freien gönnen, können in seltenen Ausnahmefällen auch Tauben oder Spatzen diese Krankheit übertragen.
Behandlung: Beim geringsten Verdacht muß der Vogel dem Tierarzt vorgestellt (frische Kotprobe mitnehmen) und von Artgenossen getrennt werden. Bestätigt sich dieser, kann nur eine Antibiotikabehandlung helfen. Diese Krankheit ist anzeigepflichtig beim zuständigen Veterinäramt.
Achtung: Die Papageienkrankheit ist auf den Menschen übertragbar (siehe Seite 9).

Verletzungen
Symptome: Sehr vielfältig. Das Gefieder kann aufgeplustert und der Vogel apathisch sein.
Ursache: Gefieder- und Hautschäden, durch Aufprall oder Hängenbleiben, Verätzung mit einer Chemikalie oder Verbrennung beim Freiflug.
Behandlung: Tierarzt aufsuchen.

Kolbenhirse wird auch von kranken Vögeln meistens gerne genommen.

Die Mauser macht den kleinen Kerlchen ganz schön zu schaffen. Da kann es schon mal vorkommen, daß sie so zerzaust aussehen, wie das mauvefarbene Schwarzköpfchen links.

Die Mauser

Meistens werden Ihre Unzertrennlichen sich zweimal im Jahr „neu einkleiden". Das ist dann die Zeit der Mauser. Diese ist für den kleinen Klettermaxe sehr anstrengend, in freier Wildbahn aber überlebenswichtig. Bereits im Alter von vier bis sechs Monaten machen die Agaporniden die Jugendmauser durch. Dann wird das Jugendgefieder durch das der Erwachsenen ersetzt. Nach ungefähr weiteren drei Monaten sind sie vollständig ausgefärbt.

Die vielseitige Funktionen besitzenden Federn nutzen sich mit der Zeit ab und müssen erneuert werden. Sonst würde der Vogel seine Flugfähigkeit verlieren und könnte seinen Wärmehaushalt nicht mehr regulieren. Sie müssen also nicht besorgt sein, wenn Ihre Agaporniden Federn lassen und etwas gerupft aussehen. Wahrscheinlich werden sie auch nicht so fröhlich wie sonst sein, manchmal erscheinen sie sogar krank und sind anfälliger gegen Parasiten und Infektionen. Machen Sie Ihren Unzertrennlichen diese Zeit so angenehm wie möglich, und verwöhnen Sie sie mit Grün- und Keimfutter. Reichen Sie ausreichend Kalk und Vogelgrit. Aufzuchtfutter wird dann auch gerne genommen, der Zoofachhandel bietet verschiedene Vitaminpräparate und „Mauserhilfen" an. Gelegentlich tut den kleinen Gesellen dann auch eine Infrarotlichtbehandlung gut.

Federrupfer

Meistens sind es die großen Papageien, die dazu neigen. Doch es kommt auch immer wieder vor, daß Agaporniden diese Angewohnheit haben. Dann fressen sie ihre Federn an oder rupfen diese aus. Kahle und blutige Stellen können die Folge sein. Die Ursache des Federnrupfens ist noch nicht genau erforscht, doch häufig werden seelische Gründe angeführt. Dies kann der Fall sein, wenn ein Unzertrennlicher alleine gehalten wird und sein Mensch sich nicht ausreichend um ihn kümmern kann oder wenn der gefiederte Partner eines Agaporniden stirbt. Andere Theorien besagen, daß die Vögel an einer Mangelerscheinung leiden oder daß eine Veranlagung vorhanden ist. Eine garantiert hilfebringende Therapie gibt es nicht. Schenken Sie Ihrem kleinen Freund viel Aufmerksamkeit und Beschäftigung. Bieten Sie beste Ernährung, ausreichend Zweige zum Benagen und Spielzeug an. Ein einsamer Agapornide braucht einen Artgenossen. Auf jeden Fall ist es sinnvoll, einen Tierarzt auszusuchen, der mit solchen Fällen Erfahrung hat. Ein Aufbaupräparat kann Hilfe bringen. Doch manchmal müssen Sie sich einfach damit abfinden, einen „Rupfer" zu haben.

Die häufigsten Parasiten

Räudemilben

Diese befallen meist Schnabel, Füße und Kloake. Am Schnabel bohren sie das Horn durch, was Fehlwuchs zur Folge haben kann. Im schlimmsten Fall hindert das den Vogel am Fressen. Sie erkennen die Plagegeister an Ablagerungen in weißlicher, grauer oder brauner Farbe und kleinen Löchern im Schnabelhorn. Stellen Sie den Befall fest, bringen Sie Ihren gefiederten Gesellen zum Tierarzt, damit er Schwere des Befalls und Behandlung bestimmen kann. In leichten Fällen kann das Einreiben von Schnabel, Füßen und Kloake mit Vaseline oder Olivenöl Erfolg bringen, doch meistens wird der Tierarzt ein Medikament verordnen.

Federspulmilben

Diese Plagegeister sitzen im Federkleid der kleinen Papageien. Starker Befall kann kahle Stellen zur Folge haben. Sprays aus dem Fachhandel sowie Insekten- und Ungezieferstrips haben sich bewährt zur Bekämpfung dieser Parasiten. Beachten Sie die Anwendungshinweise der Hersteller.

Spulwürmer

In Käfigen gehaltene Vögel bleiben von diesen Parasiten weitgehend verschont. Doch in einer Gartenvoliere ist die Gefahr schon größer. Starker Befall kann zur Schwächung und Abmagerung der Agaporniden führen. Lassen Sie bei Verdacht eine Kotuntersuchung machen. Bei Befall hilft eine Wurmkur.

Paarweise gehaltene Agaporniden rupfen sich weniger als Unzertrennliche, die alleine gehalten werden. Nur selten kann der Mensch deren Bedürfnis nach Zuneigung erfüllen.

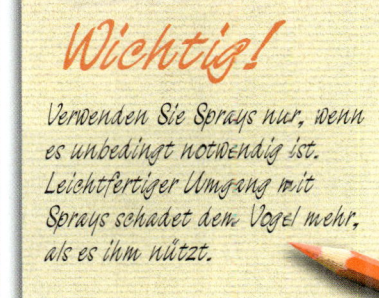

Wichtig!

Verwenden Sie Sprays nur, wenn es unbedingt notwendig ist. Leichtfertiger Umgang mit Sprays schadet dem Vogel mehr, als es ihm nützt.

Bevor Ihre Unzertrennlichen Kinder bekommen dürfen, sind noch einige wichtige Punkte zu bedenken.

Vögel zu züchten bringt nicht nur Spaß und Freude, sondern auch viel Arbeit und Verantwortung mit sich.

Wenn Nachwuchs geplant ist

Einige Agaporniden lassen sich schon unter einfachsten Bedingungen züchten. Für den Anfänger sind Rosenköpfchen und Pfirsichköpfchen die idealen Unzertrennlichen, um Erfahrungen in der Zucht zu sammeln. Doch bevor Ihre Liebesvögel Kinder bekommen, sind einige Punkte zu beachten.

Voraussetzungen für die Zucht

Sie brauchen eine amtstierärztliche Genehmigung. Ein Zuchtkäfig muß mindestens 80 cm lang sowie 50 cm hoch und tief sein. Je größer der Käfig ist, desto besser. Über den Zoofachhandel können geeignete Modelle bezogen werden, doch ein Heimwerker wird sicher keine Probleme haben, selbst einen Zuchtkäfig zu bauen. Bedenken Sie, daß besonders die Rosenköpfchen dazu neigen, die eigenen Jungen anzugreifen, wenn sie wieder neu brüten möchten. Deswegen sollte auch an eine angemessene Unterbringungsmöglichkeit für die Jungvögel gedacht werden. Manche Agaporniden neigen dazu, die Nestlinge zu rupfen. In diesen Fällen, oder wenn die Eltern sich nicht ausreichend um den Nachwuchs kümmern, müssen die Kleinen von Hand aufgezogen werden. Hinzu kommen eventuell erhebliche Tierarztkosten, wenn die Eltern- oder Jungtiere krank werden. Vorausgesetzt werden muß natürlich auch ein umfangreiches Wissen über das Brutverhalten, die Aufzucht und mögliche Krankheiten dieser Vögel.

Was passiert später mit dem Nachwuchs? Können Sie die Vogelkinder gut und schnell vermitteln? Wenn nicht, müssen Sie die Jungvögel vielleicht mehrere Monate lang behalten! Allein der Wunsch, einmal mit anzusehen, wie die kleinen Piepmätze aufwachsen, sollte Sie nicht zum Züchter werden lassen. Am besten, Sie erkundigen sich beim hiesigen Vogelzuchtverein nach Züchtern und informieren sich dort. Kontakte können Sie auch leicht auf Vogelausstellungen und Vogelbörsen knüpfen.

Genehmigung

Bevor Sie eine Zucht planen, müssen Sie zuerst eine Genehmigung beim zuständigen Veterinäramt beantragen und einen Sachkundenachweis erbringen. Ein Amtstierarzt wird Sie über Themen wie Vogelhaltung und Krankheiten prüfen. Die Stadt- oder Gemeindeverwaltung wird angehört, ob Einwände gegen die Zucht, zum Beispiel ein Tierhaltungsverbot, bestehen. Ein Mitarbeiter des Veterinäramtes wird die zur Zucht vorgesehenen Räume besichtigen und je nach dem angestrebten Umfang bestimmte Auflagen machen, zum Beispiel die Einrichtung eines Quarantäneraums.

Schön ist hier die Bruthöhle zu erkennen, die die Eltern im Nistkasten gebaut haben.

Die Auswahl der Zuchttiere

Es versteht sich von selbst, daß Sie nur mit gesunden, großen und kräftigen Agaporniden züchten. Diese sollten mindestens zehn, besser zwölf Monate alt sein. Achten Sie auf die Artenreinheit der ausgesuchten Vögel. Gerade bei den Unzertrennlichen mit weißen Augenringen gibt es immer wieder Mischlinge oder Tiere mit Mischlingsmerkmalen. Haben Sie vor, die Nachzucht später auszustellen, sollten Sie sich über die Vererbungslehre der verschiedenen Farbschläge informieren und gute Zuchttiere in einer darauf spezialisierten Zoofachhandlung oder bei einem Züchter kaufen und sich beraten lassen.

Während der Balz gehen die Partner besonders liebevoll miteinander um. Gegenseitige Gefiederpflege gehört dazu.

Balz und Paarung

Hat sich ein Pärchen gefunden, verbringt es den ganzen Tag miteinander. Dann zeigt sich, daß sie zu recht als „Liebesvögel" oder „Unzertrennliche" bezeichnet werden. Es wird gemeinsam gefressen, an Ästen geknabbert, das Gefieder gepflegt und geschlafen. Beide kuscheln eng aneinander, und immer wieder kraulen Sie sich gegenseitig am Kopf und füttern sich. Indem Sie eine Nistgelegenheit, genügend frische Zweige von Weiden-, Obst- oder Haselnußbäumen anbieten und Keim- und Aufzuchtfutter bereitstellen, bringen Sie das Pärchen in Brutstimmung.

Ein Rußköpfchengelege: Nur drei bis vier Gramm wiegt jedes dieser Eier.

Nur wenige Tage alt ist dieses Agapornidenküken, das noch ganz vom gelben Babyflaum bedeckt ist.

Dieses blaue Pfirsichköpfchen ist ca. 20 Tage alt. Gut zu sehen sind der Babyflaum und die schon sprießenden Federkiele.

Dann wird es ernst, und das Männchen bemüht sich noch intensiver um seine Verlobte. Er läßt seine Balzlaute hören und hüpft aufgeregt auf der Stange herum. Läßt sich die Angebetete von seinem Werben beeindrucken, wird bald eine Vogelhochzeit gefeiert. Das Weibchen setzt sich flach auf einen Ast, und der Hahn steigt auf ihren Rücken und begattet sie. Anschließend widmen sich beide der Gefiederpflege.

Das Weibchen kümmert sich um den Nestbau. Rosenköpfchen, Grauköpfchen und Taranta-Papageien bringen das Nistmaterial im Bürzel- und Rückengefieder in das Nest und polstern dieses becherförmig aus. Unzertrennliche mit weißen Augenringen tragen die Äste im Schnabel in das Nest und sind wahre Künstler, was den Hausbau angeht. Die Bruthöhle wird überdacht und manchmal sogar noch mit einer Vorkammer gebaut. Dafür benötigen sie eine Menge Nistmaterial, das immer in ausreichender Menge vorhanden sein muß.

Eiablage, Brut und Schlüpfen der Jungvögel

Immer öfter ist das Weibchen nun im Nistkasten beschäftigt, und schon bald wird das erste Ei zu finden sein. Es folgen noch drei bis fünf Stück, beim Pfirsichköpfchen können es mitunter sogar noch mehr sein. Die Eier sind ganz weiß und wiegen nur drei bis vier Gramm.

In der Regel wird ab dem zweiten Ei gebrütet. Leere Eier schaden dem Gelege nicht und können nach dem Schlüpfen der Kleinen ohne Probleme aus dem Nest genommen werden. Die zarten Eier sind sehr zerbrechlich und können leicht beschädigt werden. Die Küken schlüpfen nach 21 bis 25 Tagen, bei den Taranta-Papageien kann das sogar 28 Tage dauern.

Kinderstube

Zwei Tage nach dem Schlüpfen müssen Sie unbedingt
kontrollieren, ob die Eltern die Kleinen gut füttern. Erkennen können Sie dies an einem kleinen Fleck im Kropf. Ist
dies der Fall, sollten Sie die junge Familie nun ein paar
Tage in Ruhe lassen. Kontrollieren Sie den Nistkasten möglichst nur, wenn die Eltern nicht im Nest sind. Häufige
Störungen verunsichern besonders innige Vogeleltern. Das
kann sogar zur Aufgabe des Nests führen. Piepsen die Jungen jedoch ständig und ist der Kropf dünn, müssen Sie
schnell etwas unternehmen. Ideal wäre es dann, wenn Sie
die Babys einem anderen Agapornidenpaar anvertrauen
können, das sich gut um diese kümmert. Sind die Kleinen
nach ein bis zwei Stunden nicht adoptiert oder haben Sie
diese Möglichkeit nicht, müssen die Nestlinge mit einer
Pipette aufgezogen werden. Diese führen Sie dann ganz
vorsichtig in den Kropf ein. In den ersten zehn Tagen
müssen Sie alle zwei Stunden füttern, danach können
Sie die Abstände immer weiter vergrößern, bis der kleine
Piepmatz seinen Brei von einem Löffel nimmt. Im Handel
wird spezielles Aufzuchtfutter für die kleinen Unzertrennlichen angeboten. Doch bei ganz jungen Vögeln sind die
Erfolgsaussichten eher gering.

In den ersten Tagen wiegen die Kleinen ca.
drei Gramm und haben einen rosa Flaum. Ab
dem zehnten Tag etwa wächst ein dunkel-
grauer Flaum, und bald darauf öffnen
sich die Augen. Die ersten Federkiele sind
auch schon zu sehen, mit ungefähr 30 Tagen sind die kleinen Kerlchen voll befie-
dert. Eine Woche später werden die Nestlinge
flügge. Die Eltern füttern die Kleinen noch ca. zwei
Wochen, und nach ungefähr weiteren fünf Wochen
sind die Jungen der meisten Arten selbständig.
Sofern sie sich alleine mit Futter versorgen können,
sollten sie auch von den Eltern getrennt werden,
um mögliche Streitereien
zu vermeiden.

Diesmal scheint Eva auf ihrem Apfel
sitzenzubleiben. Sie muß sich wohl
etwas mehr einfallen lassen, um
ihren Adam zu bezaubern.

Ein Rosenköpfchen vor der ersten
Mauser. Typisch für Jungvögel sind
das mattere Gefieder und das dunkle
Schnabelhorn.

Unzertrennliche verstehen lernen

Ein Tier ist keine Maschine, die auf Knopfdruck funktioniert, sondern eine Persönlichkeit mit eigenen Bedürfnissen. So haben auch die Liebesvögel Launen, Stimmungen, Neigungen und Abneigungen. Mit ihrem Verhalten und der Körpersprache teilen sie ihre Wünsche mit. Das folgende Kapitel wird Ihnen helfen, die gefiederten Freunde besser zu verstehen.

Körpersprache

Einen ruhenden Agaporniden erkennen Sie daran, daß er seinen Kopf in das Rückengefieder steckt, die Augen nicht ganz geschlossen hat und ein Bein anzieht. Er möchte jetzt nicht gestört werden. Schlafen die kleinen Flattermänner, sieht es aus, als ob sie ruhen, doch die Augen sind fest geschlossen. Orangeköpfchen schlafen gelegentlich auch mit dem Kopf nach unten hängend. Sie sollten Ihren gefiederten Freund jetzt nicht aufwecken.

Ist das Gefieder eng angelegt, der Vogel gestreckt und erscheint dadurch besonders schlank, hat er sich erschreckt oder ist ängstlich.

Gegenseitige Gefiederpflege stärkt die Bindung der Partner.

Wollen sich die gefiederten Freunde im Käfig Bewegung verschaffen, halten sie sich mit den Füßen an der Stange fest und flattern ganz wild mit den Flügeln.

Verhalten

Unzertrennliche zählen zu den aggressiveren Papageien. Besonders Rosenköpfchen sind arge Streithähne. Häufigste Streitpunkte in der Gruppe oder zwischen zwei Vögeln sind Streßsituationen, wie zuwenig Platz in der Voliere oder im Käfig, der Streit um Nistgelegenheiten oder die Verteidigung des Reviers. Oft werden auch ein neu dazu gesetzter Agapornide oder ein überzähliges Männchen oder Weibchen bei der Partnersuche angegriffen. Zimperlich gehen die Kontrahenten dann nicht miteinander um. Auch vor größeren Vögeln wird nicht immer Halt gemacht. Meistens wird auf die Füße gehackt, der Verlust von Zehengliedern ist keine Seltenheit. Doch die Streitereien können auch schwere Verletzungen oder den Tod zur Folge haben. Beobachten Sie, daß ein Vogel wiederholt Opfer von Attacken ist, sollten Sie ihn getrennt von den anderen unterbringen und einen passenden Partner suchen. Rußköpfchen sind etwas friedlicher, die Haltung in größeren Gruppen oder die Vergesellschaftung mit anderen Vögeln kann in ausreichend großen Volieren gelingen. Werden Agaporniden in großen Volieren in Gruppen gehalten, können Sie deren ausgeprägtes Sozialverhalten beobachten.

Fähigkeiten

Kennzeichnend für alle Fluchttiere sind die seitlich angesetzten Augen. Damit haben sie einen größeren Blickwinkel und können Feinde bereits früher erkennen und schneller die Flucht ergreifen.

Es kann angenommen werden, daß die Unzertrennlichen ein gutes Gehör besitzen. Die recht lauten und schrillen Schreie einiger Arten dienen wahrscheinlich der Verständigung über große Entfernungen.

Diese Unzertrennlichen sind müde und wollen nicht gestört werden.

Besonders Rosenköpfchen finden schnell Gründe, um einen Streit anzuzetteln.

Nach dem Putzen werden die Federn durch Schütteln wieder in Form gebracht.

Über Geschmack läßt sich bekanntlich streiten, die Agaporniden bilden da keine Ausnahme. Jeder Vogelfreund, der einen oder mehrere dieser liebenswerten Piepmätze besitzt, wird bestätigen können, daß sie Vorlieben für das eine oder andere Futter entwickeln und wahre Feinschmecker werden können.

„Im Sommer sind wir gerne draußen. Dann kannst Du den Käfig an einen schattigen Platz stellen. Du mußt nur aufpassen, daß uns keine Katzen ärgern können."

Die afrikanischen Vögel sind sehr gute Flieger und können erstaunliche Flugmanöver vollbringen. Ihnen liegt das Fliegen mehr als das Klettern.

Gefiederpflege

Unzertrennliche sind, wie alle Vögel, sehr reinlich und verbringen viel Zeit mit der Gefiederpflege. Denn nur ein intaktes Federkleid sichert ihnen in freier Natur das Überleben. Die Federn schützen vor Kälte, zu starker Hitze und Nässe. Wären sie nicht wasserabweisend, würde der kleine Geselle naß und sich erkälten. Würde das Gefieder vernachlässigt, könnte er nicht so schnell fliegen und wäre seinen Feinden, den Greifvögeln, schutzlos ausgeliefert.

Sorgsam wird jede Feder einzeln durch den Schnabel gezogen und von Schmutz und Staub befreit. Damit die Federn wasserabweisend bleiben, werden sie mit dem Sekret aus der Bürzeldrüse eingefettet. Ist das Großreinemachen beendet, schüttelt sich der kleine Papagei und bringt so sein Gefieder wieder in Form.

Agaporniden als Familienmitglieder

Der Tag des Einzugs ist für die neuen Hausgenossen sehr aufregend. Um den Streß für sie so gering wie möglich zu halten, sollte der Käfig schon fix und fertig bereitstehen. Halten Sie die Transportschachtel so an den Käfig, daß die Vögel nur die Möglichkeit haben, hinein zu hüpfen. Das kann eine Weile dauern. Doch versuchen Sie nicht, durch Schütteln oder Klopfen die Sache zu beschleunigen. Sind die noch ängstlichen Vögel dann im Käfig, gönnen Sie ihnen Ruhe. Verlassen Sie am besten das Zimmer und geben Sie den kleinen Papageien Zeit, sich an die neue Situation zu gewöhnen, auch wenn die Versuchung noch so groß ist, die putzigen Gesellen im Familienkreis zu bestaunen. Das würde ihnen nur noch mehr Angst machen. Verrichten Sie in den folgenden Tagen nur die notwendigsten Arbeiten am Vogelkäfig und gehen Sie bedächtig vor.

Viel Zeit verwenden Agaporniden darauf, ihr Gefieder in Ordnung zu halten.

Auch die Fußpflege kommt nicht zu kurz.

Sie werden mögliche Gefahrenquellen leicht erkennen, wenn Sie das Zimmer aus der Perspektive des Vogels betrachten.

Der zahme Agapornide

Nach ein paar Tagen können Sie sich dann in einigem Abstand vom Käfig entfernt hinsetzen und ruhig und einschmeichelnd mit den Neuankömmlingen reden. Nennen Sie immer wieder deren Namen, doch überfordern Sie sie nicht. Stellen Sie fest, daß die Piepmätze ihren Käfig untersuchen und sich entspannt in Ihrer Gesellschaft strecken, können Sie den Abstand weiter verringern, bis Sie direkt vor dem Käfig sitzen.

Liebe geht bei den meisten Papageien durch den Magen. Die Unzertrennlichen bilden da keine Ausnahme. Nutzen Sie das aus, indem Sie ein paar Leckerbissen anbieten. Ein Stück Kolbenhirse kann Wunder bewirken. Reichen Sie erst ein großes Stück. Die Feinschmecker werden schnell feststellen, daß Sie ihnen nichts Böses wollen und langsam Zutrauen zu Ihnen fassen. Der Leckerbissen kann nun immer kleiner werden, bis Sie die Körner schließlich mit der Hand anbieten. Nehmen die kleinen Gesellen diese an, haben Sie schon gewonnen. Kraulen Sie anschließend Brust und Nacken der Vögel. Doch wenn diese ängstlich reagieren, müssen Sie sich zurückziehen. Versuchen Sie es kurz darauf erneut. Nach kurzer Zeit werden Sie Ihre gefiederten Freunde auf den Finger nehmen können. Drücken Sie dazu sanft den Zeigefinger quer gegen die Brust und lassen Sie den Flattermann aufsteigen. Haben sich die Vögel daran gewöhnt und machen es gerne, können Sie sie nach weiteren zwei bis drei Wochen aus dem Käfig nehmen.

Der erste Freiflug

Nun ist auch die Zeit gekommen, dem Flattermann den ersten Freiflug zu gönnen. In der ersten Wochen hat er sich das Zimmer vom Käfig aus eingeprägt. Die Gefahr eines Unfalls ist nicht mehr so groß. Für den Anfang sollte sich die Flugstunde auf „sein" Zimmer beschränken. Doch überprüfen Sie den Raum vorher auf Gefahrenquellen (siehe Seite 60). Gefährlich für den Fluganfänger sind Fenster. Lassen Sie beim ersten Freiflug die Rollos bis auf einen Spalt breit unten oder ziehen Sie dunkle Vorhänge vor. Bei jeder weiteren Freistunde können Sie ein paar Zentimeter mehr freigeben, bis schließlich die Scheiben ganz sichtbar sind. So wird der kleine Papagei lernen, die Fenster als Begrenzung zu akzeptieren.

Passen Sie auf, daß ihr kleiner Freund nicht in brenzlige Situationen kommt. Im Käfig wäre er jetzt besser aufgehoben.

Wundern Sie sich nicht, wenn die ersten Landungen nicht besonders elegant ausfallen. Denn auch das richtige Landen muß der kleine Vogel erst noch üben. Mit jedem weiteren Freiflug wird es besser klappen. Sie können ihm den Einstieg in sein Vogelheim mit einer Anflughilfe erleichtern, indem Sie eine Sitzstange außen am Käfig anbringen.

Hat sich Ihr Agapornide erst einmal an die Weite des Wohnzimmers gewöhnt, wird er ungern wieder in den Käfig zurückkehren. Scheuchen Sie ihn dann nicht mit der Hand, einem Tuch oder einem Besen. Das würde das schwer erworbene Vertrauen wieder zerstören, der Vogel gerät in Panik und kann sich verletzen. Versuchen Sie, ihn auf dem Finger in den Käfig zurückzutragen, und halten Sie dabei seine Füßchen mit dem Daumen fest. Doch auch dann wird er vielleicht wieder versuchen, zu seinem Lieblingsplatz zurückzukehren. Haben Sie Geduld und lassen Sie dem Piepmatz die Zeit, die er braucht. Sie können ihn wieder in den Käfig locken, indem Sie ihm grundsätzlich nur dort Futter anbieten. Wenn ihn der Hunger treibt, wird er wieder in seine Behausung zurückkehren, vielleicht aber erst am nächsten Morgen.

Wichtig!

Es kann mehrere Wochen dauern, bis die kleinen Papageien zutraulich sind. Wenn Sie in kleinen Schritten vorgehen, werden Sie schon bald die ersten Erfolgserlebnisse haben. Schön ist es, wenn Sie beim Einzug der Piepmätze Urlaub haben und sich in aller Ruhe mit ihnen beschäftigen können.

Häufige Gefahrenquellen

Fenster
Vögel, besonders solche, die in Panik geraten sind, fliegen zum Licht. Sind die Fenster offen, ist der Agapornide schnell weg und kann sich verirren. Kontrollieren Sie vor jedem Freiflug, ob alle Fenster geschlossen sind. Im Sommer können diese mit einem Drahtgitter verschlossen werden, damit Sie während des Freiflugs lüften können (Vorsicht vor Zugluft!).

Badezimmer
Halten Sie die Badezimmertür während des Freiflugs immer geschlossen. Es sind schon Vögel in das WC gerutscht und ertrunken oder durch das offene Badezimmerfenster weggeflogen.

Vasen, Kannen, Töpfe, Putzeimer, offene Aquarien
Leicht können Vögel in einen Topf mit kochendem Wasser, eine gefüllte Kanne oder eine Vase rutschen. Decken Sie Aquarien während des Freiflugs immer sorgfältig ab.

Kerzen, heiße Herdplatten, Öfen, Kamine, Toaster, heiße Bügeleisen
Schnell ist das Gefieder versengt oder verbrannt und der Vogel erleidet schwere Verletzungen. Stellen Sie diese, wenn möglich, vogelsicher auf, oder decken Sie die Geräte mit einem Gitter ab.

Gifte
Getränke, Putz- und Waschmittel, Stifte, Farben und Lacke, Kleber, Pflanzengifte, Zigaretten und Zigarettenrauch, Medikamente, Kaffee und Lösungsmittel dürfen nicht in Reichweite von Vögeln sein. Schwere bis tödlich verlaufende Vergiftungen können die Folge sein.

Fliegenfänger
Die Vögel können an den klebrigen Streifen hängenbleiben, verlieren dann Federn oder flattern bis zur völligen Erschöpfung. Sie können auch auf den Boden fallen und sich verletzen.

Schubladen, Kammern, Schränke, Spalten, Bücherregale
Passen Sie auf, daß der neugierige Vogel nicht in Schubladen, Kammern, Schränke oder Spalten hineinrutscht, -klettert oder -fliegt. Er könnte unter anderem eingeschlossen werden und ersticken.

Spitze Gegenstände, Kakteen
Überprüfen Sie das Zimmer auf Spitzen und Haken und sichern Sie diese ausreichend ab.

Bleibänder in Vorhängen
Blei ist sehr giftig. Die Kugeln können zu Darmverschluß führen, wenn der Vogel sie frißt.

Menschen
Bevor Sie sich setzen, eine Tür öffnen oder schließen, während Sie gehen oder eine Tasche ablegen, vergewissern Sie sich immer zuerst, daß Ihr Unzertrennlicher nicht gequetscht, geklemmt oder getreten werden kann. Diese Regel gilt für die ganze Familie, auch Besucher müssen das unbedingt beachten.

Forum für Unzertrennliche

Literatur/Zeitschriften

Brockmann, J.: Agaporniden. Haltung, Zucht und Farbmutationen der Unzertrennlichen. Verlag Eugen Ulmer, Stuttgart 1993

Gaiser, G. / Ochs, B.: Die Agapornis-Arten und ihre Mutationen. Verlag Hannelore Reutin-Gaiser, Meitingen 1995

WP-Magazin, Herausgeber Thomas Arndt, Bretten

Papageien, Arndt-Verlag, Bretten

Gefiederte Welt, Verlag Eugen Ulmer, Stuttgart

Adressen

Vereinigung für Artenschutz, Vogelhaltung und Vogelzucht

Die Arbeitsgemeinschaft Papageiennetzwerk ist zu erreichen: http://home.t-online.de/home/papageiennetzwerk

Hinweis

Die Informationen und Ratschläge der Autorin sind auf dem aktuellen wissenschaftlichen Stand und wurden mehrmals geprüft. Ständig neue Erkenntnisse über artgerechte Tierhaltung, Fütterung, Pflege und Tiermedizin sowie neue Gesetzgebungen fordern den Tierhalter auf, die Aktualität der Angaben gegebenenfalls zu überprüfen. Die Autorin kann weder eine Garantie noch eine Haftung für Personen,- Sach- und Vermögensschäden übernehmen.

Autorin und Verlag danken Jürgen Puschmann aus Staufenberg, Agapornidenzüchter, Zuchtrichter und Gremiumsdelegierter der AZ-AGZ für Hessen und Sabine Rauber, Agapornidenzüchterin aus Lahnau, für die fachliche Beratung sowie Tierarzt Dr. Gerhard Junghanns aus Gießen für die fachliche Beratung beim Kapitel „Gesundheitsvorsorge und Krankheiten" und Dorothea Körber, Joachim Spahn und Stefan Röger. Die Fotografin und der Verlag danken Oliver Schneider aus Steffenberg und Jürgen Puschmann, da sie freundlicherweise ihre Tiere als „Modelle" zur Verfügung gestellt haben.

Impressum

Es ist nicht gestattet, Abbildungen dieses Buches zu scannen, in PCs oder auf CDs zu speichern oder in PCs/Computern zu verändern oder einzeln oder zusammen mit anderen Bildvorlagen zu manipulieren, es sei denn mit schriftlicher Genehmigung des Verlages.

Die Deutsche Bibliothek – CIP-Einheitsaufnahme

Unzertrennliche: Erprobter Menü- und Pflegeplan; Gesundheitscheckliste; Mit Lernspiel für Kinder / Heike Schmidt-Röger (Ill.: Manfred Lindner). – Augsburg : Augustus Verl., 1999
  ISBN 3-8043-7127-2

Augustus Verlag, Augsburg 1999
© Weltbild Ratgeberverlag GmbH & Co. KG
Alle Rechte vorbehalten
Fotos: Christine Steimer, Wölfersheim, außer: S. 8, S. 9 oben, S. 10, S. 14, E. Lietzow
Illustrationen: Manfred Lindner
Lektorat: Sibylle Kolb Augustus Verlag
Layout und Satz: Uhl & Massopust, Aalen, gesetzt aus der The Serif 9/13 Punkt
Reproduktion: Uhl & Massopust, Aalen
Umschlaggestaltung Vera Faßbender, Augustus Verlag
Druck und Bindung: Offizin Andersen Nexö, Leipzig
Gedruckt auf umweltfreundlich chlorfrei gebleichtem Papier
Printed in Germany

ISBN 3-8043-7127-2

Register

Agapornidenspiel

Taktisches Würfel- und Lernspiel
für 2–4 Spieler ab 7 Jahren
Spielidee: Ingo Faustmann, Ravensburg
Fragen und Antworten: Heike Schmidt-Röger

SPIELZIEL ... ist es, bei Spielende die meisten Punkte
zu haben!

SPIELVORBEREITUNG Zunächst trennt Ihr den Spiel-
plan vorsichtig aus dem Buch heraus. Nun braucht
Ihr noch Spielmaterial, das Ihr aus einem anderen
Spiel herausnehmen könnt: einen Würfel mit den
Zahlen 1 bis 6, eine Spielfigur für jeden Mitspieler, 12
Chips (oder Münzen), ein Blatt Papier und einen Stift.

Neben den *Lauffeldern*, auf denen Ihr Eure Spielfigur
bewegt, gibt es 15 große *Agapornidenfelder* mit
bunten Abbildungen. Davon sind 12 *Fragefelder* (auf
denen Ihr Euer Wissen testen könnt) und 3 *Chancenfelder*, auf denen Ihr mit Glück zusätzlich Punkte
machen könnt. Legt auf die 12 Fragefelder jeweils
einen Chip – am besten so, daß der Text nicht abge-
deckt wird.

JETZT GEHT`S LOS! Jeder sucht sich eine Spielfigur
aus und stellt sie auf das farbgleiche Startfeld. Wählt
einen Startspieler aus und gebt diesem Spieler den
Würfel. Danach geht es dann immer im Uhrzeiger-
sinn weiter. Der Startspieler notiert zusätzlich Eure
Punkte und bekommt deshalb Papier und Stift. Wer
an der Reihe ist, würfelt und bewegt dann seine
Spielfigur genau um die gewürfelte Augenzahl weiter. Man kann in jede beliebige Richtung gehen. Jedes Feld zählt einen Würfelpunkt. Endet Euer Spiel-
zug auf einem Feld, wo ein Mitspieler steht, habt
Ihr Pech. In diesem Fall müßt Ihr in eine andere als
die gewünschte Richtung ziehen.

DIE 15 AGAPORNIDENFELDER Wer seinen Zug auf
einem ➡ - Feld beendet, kann jetzt vielleicht einen
Punkt machen. Der Pfeil zeigt auf das Agaporniden-
feld, um das es jetzt geht. Ist es ein Fragefeld, dann
liest Dein Nachbar jetzt die Frage vor, und Du mußt
die richtige Antwort geben. Diese ist unter der Nummer des Feldes auf der folgenden Seite abgedruckt.

Stimmt die Antwort, wird Dir ein Punkt gutgeschrie-
ben und der Chip abgeräumt, ansonsten hast Du
Pech und beendest den Zug ohne Punktgewinn. Das
Spiel endet, wenn der letzte der 12 Chips abgeräumt
und damit alle Fragen einmal gestellt und beant-
wortet wurden. Ist es ein *Chancenfeld*, so kannst Du
Glück haben, einen Punkt einfach so zu bekommen:
Wenn Du jetzt eine der Zahlen würfelst, die auf dem
Feld abgedruckt sind, dann erhältst Du einen Punkt,
ohne daß Du etwas dafür tun mußt.

WICHTIG Auf den Chancenfeldern kann jeder,
wenn er darauf kommt, immer wieder sein Glück
versuchen. Der Startspieler, der für Euch die Punkte
aufschreibt, muß aber wegen der Endabrechnung
darauf achten, daß er für jeden Mitspieler die
Punkte aus den Fragefeldern und aus den Chancenfeldern extra notiert!

DIE ABRECHNUNG Jetzt wird´s spannend.
- Jeder Punkt aufgrund einer richtig beantworteten
  Frage eines Fragefelds zählt ganz normal.
- Jeder Punkt aufgrund eines richtigen Tips auf einem Chancenfeld zählt auch als ein Punkt – mit
  der einzigen Ausnahme, daß man auf diese Weise
  nicht mehr Punkte zusätzlich machen kann als mit
  richtig beantworteten Fragen.

Ein Beispiel: Steffi hat bei Spielende 3 Punkte aus
den Fragefeldern und 4 Punkte aus den Chancenfeldern. Das ergibt, daß man bei Spielende nicht mehr
Punkte für die Chancen dazuzählen darf, als man
Fragen richtig beantwortet hat: 3 Punkte (Fragefelder) + 3 Punkte (Chancenfelder – ein Punkt verfällt) =
6 Punkte insgesamt.

**SIEGER IST, WER DIE MEISTEN PUNKTE HAT.
VIEL SPASS!**

Antworten zum Agapornidenspiel

1. Anschaffung Agaporniden kannst Du in Zoofachgeschäften oder bei Züchtern bekommen. Manchmal werden sie auch von Tierheimen vermittelt oder im Kleinanzeigenteil der Tageszeitung angeboten.

2. Ausstattung Drei oder vier Sitzstangen aus Holz oder Naturästen, zwei oder drei Futternäpfe, ein Wassernapf, ein Badehäuschen und ein Kalkstein gehören in jedes Vogelheim.

3. Haltung Agaporniden sind sehr gesellige Vögel und brauchen einen Artgenossen. Deswegen werden Sie auch die Unzertrennlichen genannt. Es ist immer besser, zwei dieser Vögel zu haben. Dann kannst Du auch beobachten, wie sie miteinander schmusen und kuscheln.

4. Familienzuwachs In vielen Hunden und Katzen steckt immer noch das Raubtier und sie können den kleinen Vogel leicht mit einem Beutetier verwechseln. Darum mußt Du, besonders beim Freiflug, gut aufpassen, daß sie Deine Piepmätze nicht erschrecken oder fangen können.

5. Nahrung Mit Äpfeln, Birnen, Feigen, Vogelmiere, Löwenzahn, Salat, Klee, Möhren, Hagebutten und Keimfutter kannst Du Deine gefiederten Freunde verwöhnen. Mit Frischfutter bleiben sie auch fit und gesund.

6. Hygiene Das Trinkwasser muß jeden Tag und der Vogelsand alle zwei Tage gewechselt werden. Einmal in der Woche sollte der ganze Käfig saubergemacht werden.

7. Erkennen Pfeift der Vogel weniger, mag nicht mehr fressen und sitzt teilnahmslos auf der Stange, geht es ihm nicht gut. Die Gabe von Kolbenhirse, Kamillentee und eine Infrarotlichtbehandlung kann ihm viel-

leicht helfen. Wenn Dein kleiner Papagei mit aufgeplustertem Gefieder auf dem Boden sitzt und die Augen zusammenkneift, ist er schon sehr krank. Dann muß er schnellstens zum Tierarzt gebracht werden.

8. Verhalten An die Federn am Kopf oder im Nacken kommt ein Vogel nicht heran und kann sie nicht saubermachen. Darum hilft ihm sein Partner dabei. Das gegenseitige Putzen vertieft auch die Partnerschaft von zwei Vögeln und ist meistens bei Paaren zu beobachten.

9. Nachwuchs Deine Eltern müssen beim Amtstierarzt des Veterinäramts eine Sachkundeprüfung ablegen, um zu zeigen, daß sie auch genug von Agaporniden, deren Aufzucht und möglichen Krankheiten verstehen.

10. Alter Wenn Deine gefiederten Freunde gesund bleiben und Du sie gut pflegst, können sie sogar 15 Jahre alt werden.

11. Bewegung Wohnen Deine Unzertrennlichen in einem Käfig, brauchen sie jeden Tag Freiflug im Zimmer, damit sie gesund und fit bleiben.

12. Arten Es gibt die bekannteren Rosenköpfchen, Schwarzköpfchen und Pfirsichköpfchen. Doch zu den Agaporniden zählen auch noch die Erdbeerköpfchen, die Rußköpfchen, die Orangeköpfchen, die Grauköpfchen, die Bergpapageien (Taranta-Papageien) und die kaum bekannten Grünköpfchen.